天下文化

BELIEVE IN READING

享受吧！50後的第三人生

丁菱娟 著

出版緣起

人生向晚，依然燦爛

王力行

一九九七年，也就是二十年前，「天下文化」出版《新中年主張》。作者蓋爾・希伊（Gail Sheehy）師承人類學大師瑪格麗特・米德（Margaret Mead），擔任過記者、評論員，並被喻為「最優秀的雜誌編輯」。她出版過十七本書，尤以討論人生變化的《人生變遷》（*Passages*）、《無聲的變遷》（*The Silent Passage*）和《新中年主張》（*New Passages*），影響美國社會深遠，獲國會圖書館列為十大影響這個時代的書。

希伊長期投入研究人生課題，在寫《新中年主張》時，親訪了數百位年過半百、不同行業的成功退休人士，透過他們的生活歷史拼出的圖像，特別精采和渾實。書中點出人生不同階段的風貌：繁華四十、閃耀五十、和諧六十。

書中提出「和諧六十」，是因為作者發現不少年過六十的人，依然可以熱情洋溢、重新整合人生。

這種發現印證了德國心理學家埃里克森（Erick H. Erikson）定義的整合人生：一種充滿意義和秩序的心靈，一種大公無私愛人的能力，和一種接受過往生命歷程的和諧心境。

巧的是，最近網路上盛傳一篇文章，是前衛生署長邱文達談「人生第四個二十，是黃金年代」。

他把人生百年分成五個二十年。第一個二十年，求學為主；第二個二十年，事業為主；第三個二十年，最忙碌艱難，家庭、事業、子女、社會都要兼顧。唯有進入第四個二十年（六十歲至八十歲），才是無憂無慮、無牽無掛，擁有金錢、健康和時間，享受人生的黃金時代。

聽到退休，腦中的聯想是解脫？獎勵？還是被放逐？根據研究，越是事業有成的人越覺恐懼。美國一位報業傳奇人物的妻子，形容丈夫退休時的情境：「最糟的不是失去頭銜，而是失掉可供指揮的團隊。前一天還和上百位頭腦一流的人交換意見、談國內外大事，第二天一片寂靜，連個電話都沒有。」在美國好萊塢名人中，處理人生變遷較和諧平衡的人就是克林．伊斯威特（Clint Eastwood）。

克林不僅在選擇劇本角色中，從充滿活力的西部牛仔，漸漸演到內心脆弱的真實老者，改寫昔日的男性神話，他晚年還當過加州卡梅爾鎮鎮長，投入公共事務。

老年生活怎麼過，取決於自己

當人生跨入向晚時分，不少人心智總在「蒼老」和「依舊年輕」中徘徊。這個時候的選擇將擁有更大的自由和自主。

在美國，已看到不少非營利組織提供服務，協助退休銀髮族邁向更完美人生。美國退休人員協會（American Association of Retired Persons, AARP）就是一個典範，加入了這個協會，要旅行時，只要登入官網，很快就能解決機票、旅館、行程，甚至上遊輪的問題。

遇到報稅期，也可以上網去查如何節稅；個人理財、折扣購物、合宜置產、醫療諮詢……協會也和各商家如甜甜圈Dunkin' Donuts、玩具反斗城、電影院等聯名，提供「銀髮折扣」。

當然還有各式各樣的學習課程，甚至參與公共事務討論。會友願意擔任義工、重新創業，都可以在這裡找到協助。只要付少額會費，每個月還可以收到精美會刊，分享這些黃金歲月同伴的精采經驗。

不少會友說：「我感激這樣的服務，我覺得真的有人在我年老時照顧我！」

台灣人口快速老化中，預計二〇二五年時，每五位成年人中，就有一位老人。生醫科技的發展，目前平均餘命已超過八十歲。退休以後的時間，應是人生另一個無憂自在的黃金時代。

「天下文化」正在為這個世代的讀者，出版一系列50+書籍，開啟他們向晚燦爛、獨立智慧的旅程。

（本文作者為遠見・天下文化事業群發行人）

推薦序

當油門不再踩到底之後

黃麗燕

我們這個年紀的人，肩上總是背負了很多責任。早上一睜開眼，就是先去看手機有沒有什麼需要緊急處理的事項，我們總是比多數同仁都更早進入公司，開始一場接一場的會議，解決一個接一個的難題。到了一定的職位高度，我們不只要計算有多少業績還沒達成，還要思考如何協助同仁們實踐他們的夢想。

我們心中總是充滿使命，使命推動著我們的生命，水裡來、火裡去也在所不辭。

我自己經常有這樣的經驗。逢年過節的長假，明明是可以好好放鬆的時間，怎麼假期才過了一天，就開始覺得渾身不太對勁？要不就是打開電腦，確認有沒有漏掉什麼沒回覆的信，或是拿出紙筆，擘劃公司組織，看看能不能再做些什麼調整，讓公司更有競爭力。終於「撐到」上班日，開心得不得了，又充滿了奮力衝刺的使命感。

長年在職場上衝刺的生活，到了這幾年身體開始出現警訊。膝蓋開刀、頸椎神經的壓迫，前陣子重心不穩摔了一跤，手竟然就粉碎性骨折……這些來自身體的抗議訊息，像是一股拉力，不但迫使著我慢下腳步（不管是字義上的，還是比喻上的），也讓我開始從總是關心他人的需要，開始關照自己內在的需要，以及規劃下一個生命的階段。

不過「向前衝刺」本是我個性裡的DNA，也不能全都賴給職場的壓力。我年輕時的興趣就已經很「衝」了，從學開輕航機、開快車這種看起來與我短小身材十分不相襯的嗜好，就能看得出來。不知是雞生蛋，還是蛋生雞，我身邊的高階專業經理人，多半也都是這樣的性格。賽車裡有一個專業術語，叫做「冷胎圈」（cool down lap），指的是比賽結束後，賽車減速繼續繞場行駛，一方面接受大家歡呼，另一方面也能讓全速運轉的車子漸漸冷卻，避免急停的傷害。車子高速運轉後，退場都有一個安全流程，人呢？尤其對我們這些衝刺慣了的高階經理人，如何從高速運轉的職場中，有步驟的降低轉速？放慢速度後的人生，又該如何自處呢？

到了屆退年齡，我們終究要面對放下重擔與責任的一天。當我們必須卸下使命、不再全力衝刺後，會不會反而忘記了該怎麼前進？市面上不乏各行各業的成功心法與書籍，但從來沒有人教我們「如何退休」。退休後的生活，好像是一片未知之境，想到就令人恐慌。

菱娟早了我們好幾步，已經先幫我們探索「第三人生」，抱持著她一向主動、積極且充滿好奇心的態度，為大家發掘其中饒富生趣的景色。一開始，看著菱娟退休後飽滿充實的生活安排，總讓我好羨慕；看了這本書之後，我才驚覺，精采的第三人生，就如同精采的職涯一般，絕不是從天上憑空掉下來的，從興趣培養、與社會的連結、理財計畫、養生保健、與家人的關係、朋友的關係，乃至與自己的關係，都需要積極的去規劃與實踐。

原來第三人生不是賽車跑完、漸漸慢停下來的人生，而是重新找到一條漂亮跑道的人生！我們或許不再需要像從前一樣把油門踩到底、全力衝線，但仍能享受全新跑道上無比美好的風景，迎向我們不曾去過的地方。

（本文作者為李奧貝納　集團執行長暨大中華區總裁）

推薦詞

迎接嶄新的第N個人生

施昇輝

當人類壽命越來越長，已經很難用「工作」和「退休」來簡單區分人生的上半場和下半場，因為我們這一代戰後嬰兒潮出生的人，到了六十歲這個以往與「老年」畫上等號的年紀時，大部分都還精力充沛、活力十足，更不甘心只剩含飴弄孫這件事可做。往後的歲月還很長，大家都躍躍欲試，期望能完成以往忙於工作而擱置的夢想，同時也在卸除許多牽絆之後，還有實現真正自我的機會。

很多人在這個階段，一味追求表面上的「樂活」，成天吃喝玩樂、到處旅遊、或者和老友歡聚，久了也會迷失。其實它真正的精神是在「簡單」和「分享」，前者讓你生活自在，後者讓你不會失去自我價值的肯定。

這類型的書，最怕只能帶給讀者欣羨的心理，或者只有原則性的指導，但本書完全是作者親身經驗的分享，所以都是具體可行的建議，而且涵蓋了所有人從職場畢業之後都必須面對的課題。

以我擅長的理財領域而言，我們對金錢都有同樣的態度：夠用就好，但不夠萬萬不可，所以理財規畫一定要趁早。在這個階段，物欲該少一點、心靈要多一點，但值得花的錢就該花。

此外，本書作者和我同樣都提到「卒婚」這兩個字。它並不是指「離婚」，而是指「從婚姻中畢業」，也就是夫婦最好有各自的社交圈，這才是更理想的婚姻狀態。

除了最親密的另一半之外，我們也得逐漸面臨父母老去、子女離家、朋友凋零等情形，和解、放手、珍惜，都是我們在這個階段一定要不斷學習的功課。

本書作者用「第三人生」來取代「人生下半場」，有著更積極的意義，因為「下半場」終究會慢慢結束，但「第三人生」意謂可能還有第四、第五，甚至第N個人生。讓我們滿心期待，好好享受吧！

（本文作者為理財暢銷作家）

推薦詞

啟動回憶與展望

夏韻芬

人生下半場，你想怎麼過？現階段的我以追求快樂的「三三三法則」為主軸，快樂工作、熱心公益、快樂旅行，做自己想做的事情！

毫無疑問，到了人生下半場，該投資的是家人或朋友之間的感情，如果以前忽略了親子或是配偶的關係，甚至跟朋友的關係，現在請花時間好好的經營，情感需要時間的培養及付出。

與丁菱娟相識多年，看她創業、也參與她的退休演唱會，沒想到她居然「打死不退」，推出邁向第三人生的新書。她的分享是現階段大家都需要面對的課題，透過第三人生，啟動回憶與展望，是人生重要的體驗！

（本文作者為財經作家、中廣「理財生活通」節目主持人）

推薦詞

重新定義人生

陳來助

丁老師告訴我，她正在寫一本「第三人生」的書，想把我的人生經驗也寫在裡頭。我備感榮幸，當下欣然答應。我從科技業跨足食品業，而後透過顏漏有校長的邀請，加入台北搖籃計劃（ＡＡＭＡ），成為年輕創業團隊的導師，有幸和這些年輕創業家互相學習，後來因為對產業轉型有一些想法和理念而投入創業。我把中年創業當作「第三人生」，剛好和丁老師「求新求變、迎接挑戰」的理念不謀而合。

我特別喜歡書中所提到「保持好奇心，一路玩到掛」，這是多麼自信又正向的人生哲學及目標！

每一年學習一項新的技藝，十年後就是「十項全能」，難怪丁菱娟老師總是如此睿智優雅。

丁老師說，她計劃每一兩年能夠選擇一個城市去long stay一個月，增加生活的豐富度，這是一個超級棒的想法，我立刻學習起來，希望很快能夠付諸實行。

（本文作者為天來創新生活產業董事長）

推薦詞

踏出舒適圈，體驗一切美好

童至祥

「熱情、溫暖」一直是丁丁給我的感覺，她向來不吝對年輕人諄諄善誘、殷切提攜。在這本新書裡，我看到一位成熟智慧的女性，勇敢踏出舒適圈，從追求身心靈的健康，到不斷嘗試新事物，認真去體驗生命中一切的美好。

她提拔後進，從全職的工作中優雅轉身，並在人生第三章節找到更自在、更真誠、更快樂的自己，進而豐富了生命。

從流暢的敘事中，可看到作者的灑脫豁達、個人價值觀、對人生的體悟、不藏私的分享，相信每個人都能從中找到共鳴，為自己的人生做出改變。

（本文作者為特力集團執行長）

推薦詞

從職場退休，生活更精采

劉秀枝

有感於人生無常，不能讓時光僅在診間和病房流逝，還要看看外面的世界，而且我說不定還有什麼才能欠栽培，於是在五十九歲時裸退。我仍熱愛醫學，參加醫學研討會和病例討論會，勤讀醫學期刊，撰寫專欄文章，上寫作和ＫＴＶ課，健行，旅遊，打高爾夫球等，輕鬆自在的享受生活。

本書作者在五十四歲事業顛峰時離開職場，趁著體力許可、智慧成熟、財富有餘時，重新分配工作與生活的比例，扎扎實實的體驗和享受人生。作者的理念和我不謀而合，我喜歡！

（本文作者為台北榮總特約醫師、國立陽明大學臨床兼任教授）

推薦詞

Because We Do Care!

賴佩霞

自從身邊出現了令我敬畏的女性典範，生命頓時充滿了希望及光彩。人類的意識不斷提升，以往舊思維及習性已經不再適合現今社會的演變，能夠得體跟上時代腳步的人，我們稱之為智者。

雖然我們一直暢言女男平等，但男女真的大不同；前一陣子聽到美國心理學家同時也是企業教練馬歇爾．葛史密斯（Marshall Goldsmith）點出男女的差異，令人莞爾：「女人的上進心比男人強！男人知道，but they don’t care.」換言之，女人對於持續進步成長更在意。這是一本可以支持女性成長的好書，推薦給你。Because we do care!

（本文作者為《魅麗》雜誌發行人、身心靈老師、作家）

推薦詞

積極準備「第三人生」

顏漏有

查爾斯・韓第（Charles Handy）在他的經典著作《覺醒的年代：解讀弔詭新未來》將人生分為四個階段；他認為第三階段不是退休的同義詞，而是可以展開與先前迥然不同全新生活的契機。第三階段可能是人生最長的階段，但弔詭的是它也是一般人準備最不充足、最無法面對的一個階段。每個人都需要學習如何度過第三階段的人生。

認識丁菱娟老師是因為她擔任ＡＡＭＡ台北搖籃計劃導師，每每懾服於她從容優雅的生活態度，很高興她願意出書分享探索體驗第三階段人生的感悟。

非常樂意推薦此書給即將或已經邁入第三階段人生的朋友，透過閱讀此書，可以自行探索及活出精采的第三人生。

（本文作者為ＡＡＭＡ台北搖籃計劃共同創辦人暨校長）

目次

01

探索體驗篇

保持好奇心，一路玩到掛

用五十多年累積的生命歷練與智慧追求夢想，體驗生活，開拓視野，回饋社會，善待萬物，相信美好，不負此生。

02

工作生產篇

重新定義工作，回饋社會

重新分配工作與生活的比例——工作少一點，生活多一點；錢少賺一點，自由多一點；忙碌少一點，自在多一點。

03

消費理財篇
減法人生，只為價值而花錢

提早準備，人生無後顧之憂。欲望少一點，心靈多一點。朋友少一個沒關係，談得來比較重要。

04

活著，就要健康 99
養生保健篇

「活得老，不如活得好」，健康是所有幸福的基石，我要對身體的健康負責，做出努力。我要注意均衡飲食，並且要運動，讓自己有能力享受生活。

07

親子相處篇

獨立的父母是對子女最大的祝福

放下我們的最愛。面對子女的長大與離去，祝福他們，不要緊抓不放、不必追。

10

獨處自在篇

和自己對話，與往事乾杯

有時候想離開一下，隱藏起來獨自呼吸。
可以享受熱鬧的樂趣，也可以享受一個人的快樂。

前言

當我拋開董事長的名片

我期待在體力許可、智慧成熟、財富有餘的狀態下，
用更自在的方式重新安排工作與生活，享受人生的黃金歲月。

從職場華麗轉身

真正開始構思「第三人生」，是我還在公關公司董事長任內。

轉眼越過了山谷，彷彿登上了高峰。一切都那麼順理成章，工作生活全都那麼美好。我有堅實的團隊在前線打仗，有盡責的祕書照顧我的時程表和生活，有優秀的總經理為我擋掉大部分客戶的難題，便有了自己的時間處理想做的事情，日子有點忙卻又可以從容不迫，我很滿意這樣的生活和自己。

我似乎可以這樣一直過下去，只等退休年紀到了就好。照理說，這時候的我應該很舒服、很滿足、很感激、很享受，但是事實上並非如此，我開始感到無趣無聊了，很底層的心再度蠢蠢欲動，我知道當日子過得太舒服時，同時也表示失去了學習的動力，那個聲音告訴我該做改變了。

雖然我大可告訴自己：我將公司經營得很好，又懂得用人，員工各司其職，一切都很上軌道，此時就該好好享受努力耕耘的成果，理直氣壯的接受被別人尊重和服侍的日子。但是我心底知道我並沒有理直氣壯，還感覺心虛，因為我覺得自己對公司的貢獻度降低了。

我知道公司少了我並沒有太大差別，因為團隊已經訓練上來，我不在第一線有一段時間了，市場的脈動我掌握得不夠敏銳，安排接班人的程序該啟動了。於是我在五十歲那年找了總經理，開始有計畫的交接。

我看到台灣現在有太多企業都面臨接班的問題，尤其是中小企業，這個問題很嚴重，衝擊到台灣未來的競爭力，我身邊就有很多這樣的朋友，想交棒但第二代不願意接。或者是第二代願意接，第一代卻不放心交棒，老是怕第二代會搞砸自己辛辛苦苦建立的事業，就算交棒了也不時在旁下指導棋，給了第二代很大的壓力，因此兩代之間常有經營上的衝突。

我一手創立的公司在十多年前併購給了跨國集團之後，自身已變成專業經理人，代管這個公司，雖然情感上還是過了一段調適期，才真正接受這種身分的變化，但我不願變成那個放不下事業的人，以為自己還是公司最重要的支柱。

我心裡期待可以有一個華麗轉身，在營運最好的時候交棒，讓接棒的人行有餘力去用自己的方式經營管理公司。這樣的念頭在我心裡存放了一段時間，我覺得是時候該讓它實現了。

很幸運的，我指定的接班人也得到集團的認可，我用了三年的時間布局，讓她可以漸漸融入公司及集團的業務與運作，認可公司文化，讓她與同事之間產生信任感，繼續領導公司大步向前，從任何角度來看，她都是極具才幹能力，讓我放心的接班人。

確認了對的接班人之後，過渡期我該做的就是睜一隻眼閉一隻眼，真正需要介入的時候得是團隊請求幫忙，而不是自己看不慣。克制自己的領導欲，就像父母學習放手一樣，慢慢淡出讓接班人站上舞台主導，自己學習在旁邊引導和欣賞即可。

人生要準備面對從一個有職務的身分過渡到無名片的身分，不需要再以收入的多寡來衡量自我價值與成就，「成功」由自己定義。倘若一切準備就緒，人生的轉折和美好也可以從這時候開始。

工作的交接計畫告一段落，是思考下半場人生的時候了。人生上半場的求學和求職階段都是拚命往前衝，現在責任告一段落，接下來呢？

倘若將人生畫成幾個等分，在不同的階段有不同的責任和義務，當然也有不同的專注目標。那麼，什麼是屬於五十歲後的人生模樣和態度？

這是我一直在思考以及想去實驗的事，畢竟我們這個世代跟父母的時代已經大大不同，應該活出屬於我們這個世代的面貌。

何謂第三人生

在我的定義中，求學是第一人生，職場算是第二人生，離開職場的日子就是第三人生。第一人生懵懵懂懂，充滿想像卻無法完全掌握自己的生命。第二人生汲汲營營，忙於追求外在的擁有，為滿足別人的期待而活。離開職場後展開第三人生，前兩段人生難免為了尋找自己、滿足別人而活，為了完成自身的責任而打拚，到了第三人生，可不可以有一種更具智慧、更快樂的生活方式呢？

我們這一代的四、五年級生，跟父母那一代到了同樣五十歲的狀況有很大的不同，不管在觀念、思想、生活方式、金錢觀，都有很大的改變。我們雖然經歷過貧窮，但是並沒有遭受戰爭的蹂躪，我們的青春期以及在職場打拚的時候，正好經歷了台灣經濟起飛的年代，工作就是我們生活的重心和舞台。我們相信只要努力就會成功，而我們親身證明了這樣的價值觀。

我和大多數人一樣，大學畢業後唯一的願望就是趕快找工作賺錢，減輕父母的負擔，所以相當吃苦耐勞，加上經濟的勃發，處處是機會，只要我們夠努力，都能在各行各業嶄露頭角，在時代的大潮中找到契機。「愛拚才會贏」就是我們的寫照。

當然，現在的社會氛圍不一樣，新世代的年輕人價值觀轉變，我們夾在兩代之間試著找出平衡。處在新科技、新媒體、新的遊戲規則衝擊下，我們戰戰兢競的學習與適應，心裡不時浮現焦慮：焦慮世界變化之快，是否跟得上新世代的速度，焦慮年輕人的未來，同時焦慮著父母的衰老，焦慮存的錢是否足夠養老，也焦慮著是否能健康的老去……

很多書籍告訴我們如何考試，如何找到好工作，如何在職場上有競爭力，但是卻很少有書籍教我們如何度過離開職場的日子。人類的壽命延長，活到百歲不再是天方夜譚，第三人生的長度很可能超過第一和第二人生。

年過五十其實正值生命顛峰，如果我們保養得好，未來還有三、四十年的歲月。我們正面臨這樣的十字路口。

第三人生將會是未來重要的議題，也是每個人終將面對的挑戰，它會越來越長，如何活得精采，活得健康、有智慧，值得我們好好的思考與著手計劃。

無論是體力、財務、工作型態的改變，或是周遭的人際關係，都該重新盤點檢視。面對子女的成長、父母的老去、婚姻的相處，養老的計畫，還有夢想的實現、生活的安排，都需要有新觀念來面對新變化。

離開職場我不太想用「退休」二字，那是因為大家對「退休」都有一種刻板的印象，印象中的退休人士好像只能含飴弄孫、打打麻將，或是在公園打太極拳。現在五十歲世代的生活樣貌絕對更多元、更令人期待。所以我用「畢業」二字來形容從職場跨出，表示自己要過渡到另一個人生階段。

從職場畢業，是我們重新做自己的開始。我們終於脫離了汲汲於經營工作、教養兒女的階段。我們活力充沛，我們的心還很熱，我們蓄勢待發，可以實現以前未能完成的事，可以好好旅行，好好回饋社會，好好檢視與別人的關係，好好照顧自己的身、心、靈。最重要的是我們知道自己要什麼，而且更有能力完成。

進入第三人生，生活的重心移轉到對自我身、心、靈的照顧。工作、生活的比例及優先順序重新調整，關注自我內在勝過對外在物質名利的追求。

過去每天上下班時幾乎以工作為主要重心，嚴重失衡。現在到了第三人生，也不一定非得完全放棄工作。工作帶給我們某種程度的人際鏈結和深層意義，所以可以把工時降低，或是改變工作模式，只做自己有興趣或是對社會有意義的事，包括義工或社會回饋。此時，工作的目的是為了持續學習與成長、保持活力、與社會接軌，所以可以繼續工作，但時間比例降低，不再朝九晚五，生活重心轉移到體驗與享受，這才是我想要實驗的第三人生。

實現夢想正是時候

近來，有些媒體和論述將我們五十歲世代稱之為「新中年世代」，我很喜歡這個說法，呼應了世界衛生組織（ＷＨＯ）對年齡的劃分方式：

零至十七歲為未成年人，
十八至六十五歲為青年人，
六十六至七十九歲為中年人，
八十至九十九歲為老年人，
百歲以上為長壽老人。

曾有媒體指出，「新中年」的主張正在發燒。醫學技術的進步延長人類壽命，國際應用系統分析研究院（ＩＩＡＳＡ）指出，推算老年的起點應為「從死亡回推十到十五歲」。以國人目前平均壽命約八十歲往回推，老年時期大約七十歲才開始。我認為這也是我們這世代比較能接受的概念，畢竟我們的心態上仍然自認年輕；對於什麼半百「老翁」、「老嫗」的名詞十分排斥。

其實我的第三人生指的是離開職場或退休後，還有體力、能力完成夢想的年紀，大約是五十歲到七十歲之間，並非真正的銀髮養老狀態。七十歲之後才是過渡到含飴弄孫、面對人生落幕的老年階段，那應該另有一番心態、有別於第三人生，我將那個階段定義為第四人生，未來有機會再來談，我們就先來聊聊第三人生吧。

因此五十至七十歲正值「新中年」或「熟齡」，正適合展開全新的人生階段；不一定是退休，而是從學習、工作、生活、回饋的角度重新配置時間與生活，在心智成熟、能力具備的狀態下探索第三人生，可說是另一段「黃金期」。

我在五十四歲從職場畢業，重新看待自己，也重新看待身邊的人事物。我期待在體力許可、智慧成熟、財富有餘的狀態下，用更自在的方式重新安排工作與生活，享受人生的黃金歲月。我的第三人生實驗已經展開旅程了。

01

探索體驗篇

保持好奇心，一路玩到掛

用五十多年累積的生命歷練與智慧追求夢想，體驗生活，開拓視野，回饋社會，善待萬物，相信美好，不負此生。

用「一路玩到掛」的心態前進

我的臉書粉絲頁有一段話這樣描述自己：

我的人生目標是追求人生一切的美好（包含美食），喜歡不斷求新求變、迎接挑戰，更喜歡跟年輕人相處。

「學習與成長」是人生最重要的動力，未來願望是「一路玩到掛」！

我喜歡「一路玩到掛」這個說法，這原本是美國一部電影的片名（英語：The Bucket List），其實就是遺願清單，也就是你死前想做的夢想清單，中文譯成「一路玩到掛」。電影裡講述兩個患了末期癌症的病人如何面對癌症的心情，以及如何在他們餘生過著豐富和歡樂的日子。在英文裡「The Bucket List」的意思就是一張一定要在死前完成的清單。但是，我認為何必要等到癌症來判定你的死刑才開始去做自己想做的事呢，為什麼不是現在？

在我的定義中，「玩到掛」指的並不是吃喝玩樂而已，而是用有趣好奇的心情去學習、去體驗生活及嘗試新事物。舉凡有趣的、有學習的、有意義的、沒做過的事，甚至是不同的工作模式或專案都可以去玩玩看。此時的人生應該走到放鬆、放下、了然於心的境界，凡事不強求、不執著，我期許活著的每一天都要有不一樣的風貌，開拓視野，到我真正「掛」之前，過一種豐富且自在的人生。

到了五十歲，會對活著的每一天充滿感恩與反省，覺得能走到今天變成現在的我，必然包括了奮鬥、努力，當然還有幸運。這時候思考要離開職場的日子也不遠了，可以開始規劃準備，用「一路玩到掛」的心情過日子不失為一種積極的態度，因為工作的責任慢慢放下，養兒育女也可能快告一段落，開始有時間為自己著想了。

靜下心想想你的「夢想清單」，有什麼你想做卻一直沒時間去做或不敢去做的，把它寫下來，開始採取行動的時刻到了。人生苦短，年輕的時候沒資源沒時間沒人脈，所以沒能力做，現在這些都有了，還等什麼？

到了這個年紀，身邊有些儲蓄，工作的目的不全然是為了賺錢，可以用一種比較輕鬆的心態去面對，就像老頑童一樣，一邊玩一邊做，也一邊做一邊玩。我們可以選擇去當背包客，可以騎單車環島旅行，可以去挑戰百岳，也可以重拾吉他彈唱，因為心是開放的、是好奇的，那麼就會遇到許多好玩的事、有趣的人，生命就不斷的為我們開啟另一扇窗。我想在這樣的情況下，若真的一直「玩到掛」也值得吧！

縱使年過五十，但是我們心裡還是住著一個小男孩或小女孩，心是熱的，所以仍然熱愛生命，仍然願意接受生命中任何的可能性。就是因為這樣，所以我在五十四歲離開職場後，開了個人演唱會、出書、演講，到大學教課，赴倫敦遊學，到大陸開音頻節目，當年輕創業家的導師，參與新創投資，以一年學一樣新事物的方式去嘗試多方位的人生。

寫作、演講、教書、旅行、當新創團隊導師、結交不同領域的朋友、嘗試沒做過的事，大大開拓我的視野。記得從四十五歲開始，我養成了習慣，在年底時列出隔年想完成的三件事，這樣持續了十多年，我完成的事越來越多，也越來越富挑戰性，人生累積了豐富的紀錄和成績。例如，我二〇一六年完成的目標是：寫一本書、到倫敦遊學，還有到大學開設新的課程。我的二〇一七年計畫是：(1)出一本新書。(2)在大陸開一個音頻節目。(3)單車環島。而我上半年就全數達標了。這些計畫和行動讓我不只活得開心，而且覺得生命豐富、有意義。

「一路玩到掛」的精神是積極的、是好奇的、是願意冒險的，不受限於年紀，敞開自己，接受所有的可能性。因為人生不設限，反而會有許多驚喜。

中年是人生的黃金期，應該開始去想想還有什麼未完成的願望，有什麼一直想做卻沒機會做的事？現在就開始行動吧，只要體力和金錢都能承擔，就要勇敢的去實踐未完成的夢想，用智慧的頭腦和成熟的心態去做，還有什麼時候比現在更適合？

一路玩到掛，需要一種頑童心態，要保持活動。五十歲正是行動的時刻，Action!

我開了演唱會！

每個人心裡都有夢想，有的我們勇敢的去做了，有的一直放在夢想清單裡。在職場工作時可能礙於現實、礙於時間，總是有許多理由讓夢想始終停留在「夢想」階段。

多年來，我的夢想清單中一直有一個未實現的項目，就是開一場個人演唱會。聽起來很不可思議，後來我發現，當你決心想做一件事，全宇宙都會一起來幫助你完成，無關年紀。

我在學生時代當過民歌手，在餐廳駐唱，但是出了社會之後選擇走入商業，沒能重拾吉他唱歌，所以上舞台唱歌對我而言，變成是一個嚮往卻又遙遠的夢。此時此刻終於找到機會圓夢了。

當我宣布卸下董事長職務，從奧美畢業的時候，幕僚團隊為了籌備我的告別聚會傷透腦筋，畢竟要為董事長辦一場夠特別又溫馨的告別會並非一件簡單的事。而我自己非常厭倦制式的告別會：吃吃喝喝，播放溫馨影片，歌功頌德一番，再加上一段催淚的告別演說……了無新意。

於是我大膽的告訴同仁：請幫我辦一場個人演唱會吧！我想選擇一種獨特下台的方式，華麗轉身。

實現夢想的過程本身就是一件很享受的事情。我用一個月的時間找樂團，練唱，挑歌，選衣服，工作團隊幫我想主題、找場地、邀請來賓，忙得不亦樂乎，這個過程就足以讓我和團隊充滿熱情的玩了起來。

我不是專業歌手，所以還是會緊張，還是會忘詞，還是漏洞百出。但是這些都不重要，重要的是在準備的過程我很投入而享受。為了提升演唱會的可看度，請來了我的好友〈龍的傳人〉的主唱李建復，還有「南拳媽媽」的主唱Lara當神祕嘉賓，現場氣氛洋溢著熱情與快樂，我和朋友們都很享受那個夜晚。

我在台上看著同事播放我的影片，心中湧起很多回憶，聊聊往事，再唱唱喜歡的歌，整個場子的氛圍就像是一場溫馨的同樂會。

我站在台上由衷的說：「謝謝我生命中重要的時刻有你們的參與，有你們可以分享，你們陪我走過的歲月成全了今天的我……」當我看到他們專注的眼神，開心的揮動著雙手和螢光棒，我知道自己得到真誠的祝福。

事後很多朋友告訴我那是一個充滿真情的美好夜晚，讓他們興致勃勃的開始思考，未來要用什麼更有創意的方式離開職場。這個話題在朋友間大概延續了好幾個星期，我沒想到原來實現夢想是這樣的快樂。

無論在什麼年紀都要鼓勵自己去嘗試沒做過的事，因為人受制於慣性，寧願待在舒適圈，不想突破改變，所以更需要催促自己勇敢的踏出第一步。

實現夢想是享受生命的過程，不論成不成功，至少嘗試了、經歷了，少了一個遺憾，生命更豐富了。還有最重要的，你會更喜歡自己。

「花若盛開，蝴蝶自來，人若精采，天自安排。」把自己活得精采，豐富的生命饗宴將不請自來。

實現夢想清單中的「個人演唱會」，剛好為我的第三人生拉開序幕。

每年學一樣新玩意

重新學習與成長，是第三人生需要建立的心態，千萬不要以為離開職場了，就可以停止學習。事實上，此時正是重拾年少時的才藝，或是實現未竟夢想的最佳時刻。

年輕時，我非常羨慕多才多藝的人，也很希望自己可以變成那樣，但是創業之後，忙碌的生活讓我沒有時間培養工作以外的興趣，一度覺得自己簡直是庸俗不堪，除了賺錢之外什麼也沒累積，也越來越不喜歡自己。

直到四十歲那年突然省悟，不想變成一個自己不喜歡的人，決心要朝那個羨慕的「多才多藝」形象邁進。雖然我沒有太多時間，但如果我不貪心，也不急躁，一年只專心學一項才藝，是不是十年之後就可以「十項全能」了呢？

這個想法就像一盞明燈在我頭頂亮起，打通我的任督二脈，我開始思考第一年想學什麼。

鋼琴！對，就是鋼琴，小時候看到有錢人家家裡總有一架鋼琴，羨慕到不行，發誓總有一天我也要彈鋼琴。既然是童年的夢想，為何不完成它呢？朋友說：「你都四十歲了彈什麼鋼琴？那是從小就要開始學的，你手指都硬了。」但我還是認為想做什麼事都不嫌晚，年紀不是問題，決心才是，於是馬上報名、請了老師，每星期一次到家裡教，我跟女兒雙雙練了起來。

因為我的加入，女兒更有興趣練琴，之前我催她練琴她總說：「這很難你知道嗎？要不你來彈彈看。」讓我一時語塞。但是當我開始練琴之後，她更有成就感，更起勁兒的練，因為發現媽媽也有不及她的地方，大大增加她的信心。

從那之後，每年我都會學一樣新的才藝，從鋼琴、瑜伽、高爾夫、吉他、網球、易經、孫子兵法、塔羅牌、書法、油畫、鉛筆畫、中西哲學……舉凡有興趣的課程我都報名。到現在十幾年過去，我也累積了不少興趣，結交了不少同好，而且意外的發現原來自己喜歡油畫，這幾年越畫越沉浸其中。

雖然這些才藝不見得可以對當時的工作有什麼立即的幫助，但是我發現當興趣越廣，投注在喜歡的事情越久，就覺得越快樂、越放鬆，之後回到工作時也越能夠專注，反而增加了效率。因為在心情上我會希望趕快做完工作，以便有更多時間去上有興趣的課程，做我想要做的事，因此日子不再只有工作，生活變得豐富多元，所謂的平衡大概就是這種感覺吧！

現在離開職場，自由時間增加了，更有餘裕進修有興趣的課程。我身邊有很多主婦朋友也很善於安排時間，不但把家裡打理得有條不紊，還學插花、瑜伽、拼布、編織等等，讓自己與時俱進，先生小孩回家後，也多了不少新鮮話題可以分享。果然有快樂的媽媽才有快樂的小孩和家庭，所以女人絕對值得追求成長所帶來的快樂。

我的練習曲——單車環島

大家都說，身為台灣人，一輩子一定要做三件事，就是單車環島、攀登玉山和泳渡日月潭。這三件事對我而言都有難度，因為我平常不太運動，生怕體力無法負荷，但是看了電影《練習曲》美麗的畫面之後，非常嚮往單車環島，這個夢想一直放在心裡。今年，我決心把這個夢想列入清單，成為二〇一七年三件必做的事情之一。

我在大學教書常勸年輕人不要當宅男宅女，要走出去看看外面的世界，至少也要單車環島看看台灣的美。當學生問我，老師那你有沒有這樣環過島時，我想對啊，我一直鼓勵年輕人展開行動，自己怎麼可以不以身作則，於是年底時馬上列為下一年的年度目標。

所謂心想事成，大概不過如此，這個念頭才起，先生竟然就邀我參加由老爺酒店和捷安特舉辦的「老爺鐵騎」活動，我也大膽的答應了。每天行程只騎三十公里左右，又有深入鄉鎮地區的文創導覽，屬於休閒騎，恰恰適合我這種幼幼班的程度。

我只有在小學的時候騎過腳踏車，從此只是蜻蜓點水式的騎過幾次，所以出發前真的是膽戰心驚，尤其沒騎過公路車，不知換檔，不會慢速平衡，種種技巧上的不足讓我卻步。但是就像我說的，夢想不能一直擺在心裡，得拿出來實現，下定決心是最難的一步，然後就找方法去接近它。這次的經驗真是如此。

小時候騎單車跌得鼻青眼腫，長大後騎上單車也是驚險萬分，有時跌個狗吃屎的姿態連女兒看了都搖頭。只是沒想到我才起心動念，馬上挑戰就來，下了決心就硬著頭皮報名了。朋友都要我自求多福，因為他們知道我這種「魯肉腳」一定撐不了七天，我也就這樣戰戰兢兢的上路了。

第一天報到，捷安特的專業設備和親切的服務人員令我安心了些，我領了車，調整椅座高度，當場練騎了一下，看著身上有模有樣的車衣車褲，告訴自己無論如何也要完成目標，就這樣憑著豁出去的勇氣出發了。

我小心翼翼的跟隨著車隊慢慢騎，心裡雖然有壓力，也趕快惡補變速技巧，漸漸的好像可以上手，於是就這樣每天感覺進步一點點，加上隊友總是在旁邊幫我加油打氣，慢慢解除了不適感和壓力，行程進行到一半時，開始享受騎車的樂趣，也能稍稍放鬆心情，欣賞沿路的風景了；在快撐不下去的時候，看著隊友的拚勁，自己跟著受到激勵，咬緊牙根努力前進。難怪領隊說騎車的九字訣就是

「一直踩，一直踩，一直踩」，心裡一直唸著這九字訣，腳一直踩著，似乎也就到達目的地了。

我的隊友中有將近四成是香港來的朋友，原來台灣的環島之旅在全球是有知名度的，尤其是宜蘭和太魯閣的風景更是美不勝收。騎單車有一個好處就是可以深入每個小鄉鎮，和搭遊覽車或轎車的經驗完全不同。由於我參加的行程很多元化，無須趕路，便可以很深入的到當地的社區，跟當地人做文化的交流和互動，認識了許多沒去過的鄉鎮，也算是這次環島之旅的意外收穫。

當我完成了七天六夜的行程，拿到了結業證書，心裡既激動又感動，雖然環島全程只騎了兩百公里，比不上一天騎一百多公里的專業人士，但是勇於踏出第一步接受挑戰，嘗試一件沒做過的事，完成之後的成就感讓自我滿意度跳升了一級，內心的喜悅難以形容。

遊學初體驗，跟年輕人共學

大學畢業後，我的第一志願是當記者，結果記者當不成，卻一路栽進了跟記者息息相關的公關業。從職場畢業後，我開始寫作，多了專欄作家和部落客身分，偶然收到坊間遊學機構之邀，前往倫敦進修半個月，順便採訪報導，有機會一圓記者夢。

我發現只要走出舒適圈改變自己，總會遇見人生的驚喜。想想離我年輕時的留學經驗已經二十多年了，在以前那個年代幾乎都是為了取得碩、博士學位而留學，很少有短期遊學方案，所以能夠在中年時經歷年輕人的遊學生活，也算是新鮮的初體驗。

以前一個人的旅行大都是出差，目的性明確，行程和住宿交通都由幕僚安排妥當，當地也有人接應招待，完全不需要操心。但這是第一次獨自到陌生的城市，大小事情都要自己應變，這對於一個老闆當久的人真是一項很好的試煉。

真正抵達之後，就得開始面對陌生環境的挑戰，一切都是計畫趕不上變化，也沒時間想太多，只好一件事情一件事情的解決。譬如我就遇到行李搞丟，該來接機的人沒出現，當地沒電話可聯絡，甚至迷了路，不知自己身在何處……後來漸漸體會到，出門在外什麼事都可能發生，只要敢問，就會有人幫忙。我班上大都是歐洲學生，我發現他們的英文並不是很溜，但是都很敢講、很愛講，溝通就是這麼一回事，有講就有通，膽子就這樣越練越大。

倘若要培養自己的獨立性和膽量，我認為一個人旅行或遊學是很好的練習。它逼迫你去面對未知的一切，考驗你的應變能力和組織力，讓你看到世界的寬廣和個人的渺小，讓你知道自己的不足，學習面對挑戰，練習與自己獨處。雖然這些事情越年輕時去做越好，也越沒負擔，但是熟齡後出發有熟齡後的體會，可以再次考驗自己。

我跟同學一樣住宿舍，使用手機找路，搭地鐵，找同學吃飯，認識這個陌生的城市。同學來自世界各地，什麼樣的口音都有，練習去適應不同國家的腔調，觀察他們的行為舉止，慢慢就可以猜出他們來自哪裡，也是一種有趣的學習。

像德國同學就很有紀律，總是如期完成老師交代的作業，並在課堂上很認真的分享，而西班牙等南歐國家，天性熱情好動又有點懶散，並不按照規定交作業，但總有辦法在課堂上嘻嘻哈哈混過去，真的太有趣了。跟我最處得來的，竟是一位德國的二十五歲女孩，一直以為以我的個性會跟熱情的南歐人比較聊得開，原來現在我漸漸欣賞有紀律的人了。

本來我也擔心像我這樣的年紀，會不會是班上最老的學生，跟著年輕人一起住宿舍，會不會有什麼格格不入的地方，但是我很驚喜的看到一對七十歲左右的夫妻也結伴來參加遊學課程。老先生回答我：「倫敦是我夢想的城市，退休後我就計劃來 long stay 一年，想把英文學好，當然還要看溫布敦網球賽。」

是的，任何一個簡單的理由就可以出發了。勇敢無關乎年紀，最重要的是心態。活到老，學到老，人生不就應該如此嗎？

02

工作生產篇

重新定義工作，回饋社會

重新分配工作與生活的比例——工作少一點，生活多一點；錢少賺一點，自由多一點；忙碌少一點，自在多一點。

可以繼續工作，但應該不一樣

這個階段驟然離開職場，倘若完全不工作，很容易就喪失活力以及努力的目標，身體也會出毛病。

我鼓勵大家仍然持續工作，只是工作模式不再是以賺錢為首要目的，學習、生活以及回饋社會才是主軸，這樣才有別於汲汲營營的上半場人生。

一部分時間工作，一部分時間享受生活，如此既可以增加一些收入，也不會和社會脫節，還能維持社交能力。保有現金收入是很重要的信心因素，可以減少家庭的負擔，也讓當事人有安全感和成就感。

台灣在一例一休新制的衝擊之下，很多人力都轉化成了派遣或外包模式，而半退休模式也可以是企業和個人雙贏的局面，讓有經驗、有智慧的資深人員用彈性工時的方式工作，既能貢獻所長，傳承經驗，又能保有靈活度。企業則可以節省成本，同時保留經驗與人才，以免傳承斷層。政府若能建置平台，將新中年人的豐富經驗回饋給社會或年輕人，我相信是個雙贏策略，也是對國家的人才競爭力再利用的一種方式。

有的人在這個時候重拾過去的夢想和興趣，意外的開啟事業第二春。尤其是具有企業管理經驗的資深人員，他們很容易就可以運用自己的資源和人脈建立新的工作模式。他們說，以前工作是為了財富和成就，現在工作則是為了興趣和意義。我相信心態不同，工作時所展現的熱情和得到的樂趣也會截然不同。

我有個朋友退休後遊走兩岸當起企業顧問，講課教學；還有一位朋友到國外去考企業教練證照，將經驗變成知識傳承，不但有收入，又可以保有自主性，不亦樂乎。相對的，另有一群人重拾書包，有人去念EMBA，有人去攻讀博士，重新當起學生，比年輕人還努力，對學習充滿了熱情。

也有人離開職場後志在奉獻，因此有的去醫院當志工，有的到圖書館當義工，有的到偏鄉學校教書，有的運用語言和知識到國家公園、博物館等單位機構擔任解說員……看他們生活過得自在圓滿、開心快樂，不免也受到鼓舞，認為這樣的人生面貌才是我們應該追求的。總之，讓生活具有回饋社會的意義可以帶來更大的滿足。

開創事業第二春

有一個朋友之前是我的客戶，五十歲那年，他在職場激烈的競爭下，離開服務二十五年的外商企業，要退休嫌太早，要回企業工作又覺得意願低落，不想再過朝九晚五的日子，於是他嘗試重拾以前的興趣，沒想到無心插柳、成了人氣講師，現在以「城市霞客」的名號闖出一片天。

原本他打算運用自己在文學和歷史的專長到大學EMBA授課，結果因為沒有博士文憑而無法取得正式職位。天不從人願，當不了教授，退而求其次，轉而在朋友圈裡用私塾的方式傳授自己所知所學。他將之前在企業的經驗結合音樂和文史，用說故事的方式結合時事，企劃了像孫子兵法、蘇東坡、春秋戰國、鬼谷子等課程，意外的受到好評，這是在大學課程裡面所找不到的，也變成了他與眾不同的招牌。

加上他上課的風趣與獨一無二的風格，累積了不少忠實粉絲，越講越好，口碑風傳，相關課程也越開越多，原本拒他於門外的大學也回頭邀請他到EMBA的講堂上教課。

他的學生越來越多，又開發出「國外旅遊說歷史」的行程，正好契合中年族群的喜好，吸引了很多學員帶著家人報名，一下子就把下一整年的行程排滿。

他對我說，之前離開職場的時候覺得很沮喪，從來沒有想過退休人生可以如此精采豐富。遠離了職場的爾虞我詐以及緊張忙碌的節奏，現在過得更加愜意自在。意外的是收入並沒有比當上班族少，做的又是自己喜歡的事情，反而柳暗花明又一村。

另一位朋友一直很嚮往鄉村生活，退休之後，就毅然決然回老家種田，買了一塊地，蓋起了自己心目中「可以呼吸」的房子。他對農業很有興趣，於是學習有機農法，並教導附近農民新的種植觀念，運用品牌經營與網路行銷方式，將蔬菜、水果從產地直送各大城市，周邊的農民也因為他開拓了銷售管道而獲益。他不僅開創了事業第二春，也有更多時間回老家陪父母。

轉換職場，用學習與回饋心態工作

楊淑鈴，一位身為高階經理人的朋友在年過半百時離開了競爭激烈的廣告業，轉而任職台北市政府文化基金會，她把業界的人脈跟企業經營的做事方式帶入政府單位，讓公部門更有行動力。

她說：「已經當過跨國企業集團執行長，不在乎什麼頭銜，主要是希望奉獻自己的所學和經驗，為社會做點事情。」

現在，她每天都接觸新的事物，參加各式各樣的文化活動，接觸年輕人和藝文界人士，忙得不亦樂乎。

像她這樣以前習慣於快速職場生活的人，其實並不適合戛然而止，完全不工作。閒不下來的個性在退休後，可能更適合奉獻在非營利或公益的領域，尋求另一個讓自己活得更有意義的目標。

生命轉彎處

我在台北搖籃計劃認識的新創團隊導師陳來助，原本是科技大廠總經理。他曾經為一場轟動國際業界的官司赴美國出庭作證，沒想到護照卻遭到美國法院沒收，被管制出境達二十個月。他說那二十個月是人生很重要的轉捩點，因為什麼事也不能做，所以有時間好好思考下一步。在矽谷的那幾年，他看了很多書，參觀了很多新創企業，使他的心情有很大的轉折。

他從美國回來後人生轉了個彎，捨棄科技業，轉任食品品牌執行長。現在則選擇創業，運用之前在面板產業的經驗和人脈，投入難以定義的跨界創新生活產業。我參觀過他在新竹科學園區經營的車庫餐廳，以健康、真實的食材提供消費者友善的飲食環境，而這只是其中一項計畫而已，看起來他還可以忙很久。

像來助老師這樣過了五十之後仍然活力十足，令人佩服。他說根據統計，熟年創業成功機率更高，因為累積了足夠的人生智慧，懂得取捨，也善於運用資源。他很鼓勵有足夠條件的中年人創業，持續探索自己的可能性，為自己的夢想再活一次。

募款做公益，幫助台灣的新創團隊打世界盃

顏漏有校長是知名跨國管理顧問高階主管，在外派大陸多年之後退休了，他結合自己的知識、專業和人脈，在台灣成立ＡＡＭＡ公益組織，並擔任校長，幫助台灣年輕的創業團隊走出台灣市場打「亞洲盃」，甚至「世界盃」。

顏校長認為，新創團隊是國家經濟成長的動能之一。他與媒體合作，向企業募款，號召企業經理人擔任導師，幫助很多新創團隊打開市場、整合資源，而且能與國外新創團隊相互觀摩、合作，找到機會和舞台發光發熱。

像美髮沙龍品牌肯夢創辦人朱平老師現在致力於引進外籍菁英，為台灣建

立多元生活環境而努力。在台北搖籃計劃裡，還有多位知名企業董事長或經理人，他們日理萬機之餘，卻願意擔任無給職的導師，奉獻時間和經驗，不外乎一個信念，就是希望幫助台灣年輕人更有競爭力。

我遇到的這群五十世代專業人士，正以豐富的經驗和資源積極的回饋社會，用堅定的理念和無比的熱情為台灣新世代的傳承奉獻心力。我們深知老將終將凋零，傳承刻不容緩。

我與年輕創業家在一起，常覺得他們比我們這一代聰明、創意、靈活，其實能教他們的不多。能做的主要是傾聽他們的問題，連結資源，引薦人脈，還有就是釐清他們的想法，安定他們的心。

雖然我們過去的經驗不見得完全適用在現代快速劇變的環境，但至少我們犯過的錯、跌過的跤可以成為經驗分享的題材。

我們同時也從年輕人身上學到新知識和新觀念，感染他們的熱情和活力。世代交替應該是一種共存合作的過程，而不是相互排擠或競爭。中年人要學會欣賞年輕人的創意和衝勁，而年輕人也要願意接受中年人的經驗和付出，兩個世代之間建立相互信任的關係，將美好的價值觀延續下去，才是社會國家之福。

富有願景的工作模式

我從職場畢業之後，開始到大學教書，在雜誌、網路上寫專欄，接著出書，也不時到校園、企業、公益團體演講，同時擔任ＡＡＭＡ的導師。「幫助更多的年輕人成長」已成為我這十年來的願景，雖然所做的事情有限，但我相信只要行動就有力量，更何況，有能力朝著願景努力是件幸福的事。

年輕人反而是我現在接觸最多的族群，我將工作的經驗帶到大學課堂上教授行銷與創意，用工作坊的方式讓學生有實作經驗，盼能提升年輕學子的職場競爭力，成為企業所需要的人才。這種傳授和引導對我而言也是全新的探索，生活充滿著樂趣與挑戰，比在職場時更有活力。

現在我的視野、人脈、自由度和精采生活，更甚於過往有頭銜的日子。走到精采的黃金第三人生，我相信唯有自己有意願去行動，不斷的打開視野和心胸，嘗試各種可能性，才有機會遇見繁枝茂葉的風景。

03

消費理財篇

減法人生，只為價值而花錢

提早準備，人生無後顧之憂。欲望少一點，心靈多一點。
朋友少一個沒關係，談得來比較重要。

學習減法人生

人性是貪心的，欲望是無窮的，大部分的人都善於「加法」：錢越多越好，衣服越多越好，房子越多越好，職務越高越好，權力越大越好。人類的欲望之門一打開，就會永無止境的索求，以為用加法累積的人生才會快樂無憂。

但是年紀漸長之後，慢慢了解這些外在的物質並不等同於快樂，快樂要由內心去尋找。反之我們一生的時間有限，可能消化不了這麼多的「餘額」，所以越來越多的物質成了我們的負擔，使我們的人生變得複雜、沉重。

過去創業時為了業績，我承接大量生意；為了得到好名聲，我來者不拒，提供更多服務；為了更大的成就感，就將行事曆排得滿滿的，讓自己漸漸喘不過氣。我的會議越排越多、案子越接越多，然後為了補償自己的辛苦，開始沒有節制的買東西，以為這樣可以彰顯自己的能力，以為這樣可以滿足自己的匱乏，當東西越買越多，心靈卻越來越不快樂，也越來越沒有自己。

直到有一天，我們才發現錯了，原來有限的體力滿足不了無窮的欲望，我們以為能力可以解決所有問題，我們以為意志力可以抵抗身體疲憊，我們以為人定勝天，結果發現那都只是一時的假象。在我們累了、倦了之後，才開始懂得加法不全然是對的。

現在的我開始學習減法的人生，享受學習「慢」的樂趣。以前我總是將行事曆排得滿滿的，只因空檔讓我沒有安全感，好像自己不再被需要，其實這都是內心匱乏所致。

如今我懂得留白，懂得「無所事事」的自在。我每星期一定要留一天獨處，學習與自己對話，體會「無聊」的感覺，進而聆聽自身的焦慮與惶恐來自何方。

我也開始學習拒絕，做不到的不硬撐，不想要的就不答應，東西少一點沒關係，夠用就好。朋友少一個沒關係，談得來比較重要。沒事幹也無所謂，正好放空。應酬少一點更好，身體比較健康。

減法的人生讓我注意到以前未曾留心的東西。吃東西不再囫圇吞棗，我會細細品嘗美食在舌尖停留的味道，並且分辨食材的好壞，咀嚼次數變多，才真正體會什麼叫吃。

旅行時我不再匆匆掠過，懂得停留、懂得讚嘆、懂得呼吸、懂得打開眼睛和心胸去接受各地不同的文化，從世界之大看到自己的不足，從山巔之高看見自己的渺小。彎腰之後，才能謙卑的感受當下，感激遇見的人、事、物。工作少一點，將舞台讓給年輕人，自己反而輕鬆。與人的交往不帶目的性的期望，反而輕鬆自在。珍惜當下，學習聆聽，欣賞不同個性的人，慢慢就發現聊得來的真心朋友變多了。

人並不會因為天天身穿綾羅綢緞就特別快樂，也不會因為住在豪宅名門就特別幸福。所謂幸福快樂，都在生活的細節中，反而不是外在的錦衣玉食。忙碌之後一頓溫熱的飯菜，辛苦之後一句安慰，傷心之後一個擁抱，都是人間難得的小樂小福，累積起來就完整了人生的旅程。

原來人生的韻律自有一定的節奏，太快無法細細品味，太多不會珍惜，太滿不會反思。減法人生是現代忙碌的人該學習的一種平衡，難怪有句廣告詞說：「世界越快，心則慢。」

先為自己留夠本再去擔心子女

對於父母而言，怎麼樣分配資產給小孩也是一大難題。

或許這對於西方社會而言不是一件困難的事情，因為西方的小孩很早就學習獨立，通常家庭也不太需要面臨幫小孩保留房子、財產的問題，但是對於東方父母而言，我們卻很難完全做到。

我們無法無視於小孩獨自面對低薪、房價高漲的事實，但又不希望我們被啃老。所以怎樣可以保證小孩的未來，又不會讓他們失去賺錢的動力，我想這是我們這代父母沒說出口的期望。

每一個人的家庭財富不同，安排當然也有所不同。對於沒有能力留給小孩任何資產的父母也無須嘆息，往好處想就是沒有這個煩惱，而子女通常也會斷了這個念頭，專心為自己的人生打拚奮鬥，這樣或許反而獲得了積極的動力，走出人生的康莊大道。但是，對於有能力分配資產的父母而言，該留多少，反而變得很困擾。

據我了解，對於大部分有能力的父母，他們都希望可以留一棟房子給小孩，或是至少幫他們負擔房子初期的自備款。另一方面，他們也希望能夠留些資產讓自己過個有尊嚴又安心的晚年。

父母之所以會想要留一棟房子給小孩的想法，這是人之常情，尤其現在的房價高漲，已經是超乎一般受薪階級年輕人的能力，如果行有餘力，我想這也是東方父母愛子女的感情中誠摯的期盼之一吧。但是為人子女的，千萬不要認為理所當然，因為這不見得是普世價值。倘若做子女的能夠體會父母這種愛子女的心願，應該也會讓父母有些安慰吧。

對於那些擁有經濟能力的父母而言，我覺得留一棟房子給子女已經足夠了，不要再多給了。多給，對子女而言也不見得是禮物，有可能反而是一種傷害。如果怕錢用不完的話，那生前多做一點公益，或身後捐贈給公益團體，取之於社會，用之於社會，也是應該的。

對於做不到這些的父母也不用自責，畢竟將兒女養育長大成人，讓他受到平等的教育，擁有工作權已經算是送給他們最好的禮物了。

更何況，現代父母還有很多人感慨「千金難買少年窮」，培養兒女有賺錢及獨立的能力才是最重要的，其他都是其次。

千萬不要自己省吃儉用了半天，卻讓小孩吃香喝辣的，讓小孩養成「父母的就是我的」這種理所當然的心態，以及不知感激的個性。我有一位朋友資產數十億，每次出門坐公車，搭飛機坐經濟艙，吃路邊攤，十分節儉，而他的一雙女兒卻穿著名牌，吃飯經常出入高檔五星級飯店，出國必搭商務艙，我們朋友勸他想開一點，不要對自己那麼摳門，但是他還是改不了節省的習慣。因此朋友們常笑他再不多對自己和朋友好一點，未來的財產一定是留給兩位陌生男人。

所以對於資產的規畫，我衷心的建議還是先為自己留夠本再去擔心子女吧。至少要讓自己有能力承擔下半輩子的生活及醫療費用，不要造成子女的負擔才是最重要的安排。

何況我們也必須假設萬一自己活很久怎麼辦，最好留下來的錢要能夠負擔到九十五歲的生活比較保險，因此我們必須存的錢可能要比想像的多很多，不管是儲蓄還是保險，還是投資，總之未雨綢繆才會沒有後顧之憂。

趁著還有錢、有體力、有時間的時候，趕快去旅行，去學習，去花錢吧！開心的話就多做公益或是多請請客，上上好館子，不但幾代間可以多聚聚，子女孫子們還會更感謝你們，覺得你們是大方又慷慨的父母。

還有，趁早寫下遺囑，屆時用不完的就捐了吧！

理財與資產的配置

對於理財的規畫以及退休金的準備，我認為從三十五歲起就應該開始未雨綢繆了，那個時候收入應該漸漸的往人生的高峰推進，可以做比較積極的儲蓄和投資，譬如債券、股票，或房地產的投資，尤其是意外、醫療、保險型的商品更是要提早購買，必須要有意識的將自己的財富做漸進式的累積，才能享受退休後的財務自由生活。

退休之後，大部分人沒有固定收入，心裡可能會缺乏安全感，不敢亂花錢，無法享受人生，所以一定要提前準備。如果用半退休或漸進式退休方式，一方面保有部分收入，另一方面減少工時，擁有彈性和自由，對於過渡到真正老年生活也是非常重要的。

財富自由對擁有自在的第三人生是很重要的要素之一，此時的理財投資應該要以保本、穩健為主，而不是追求高獲利、高風險的投資商品。可以參考相關書籍或詢問專家，根據自己資產的狀況，找出最適合的理財方式。

我認為應該把資產分為三個部分，第一是一定會用到的部分，也就是日常開支，這部分一定要存夠。第二部分是未來可能用到的部分，也就是意外和醫療保險的「救命錢」，萬一發生意外時，就能有所準備又不會拖累家人。第三是行有餘力，留一點享受人生的費用。

倘若前兩項的費用都已準備好，那麼剩下的提撥一部分資產，就可以好好運用來「一路玩到掛」，盡情享受人生。其他再有剩下就捐作公益吧。

政府現在也在推「以房養老」的概念。我們這一代大部分的人在台灣經濟起飛的時候都買了房子，如果只有一棟，未來也不一定要留給子孫，還不如把房子作為養老金，抵押給銀行，讓銀行每個月支付你一筆費用。

不過也不要太擔心，以為一定要存好幾桶金才能退休。大部分退休後的人欲望比較少，吃的用的也會越來越簡單，只要我們保持健康，消費有所節制，其實基本開銷不會太多。只要養成豁達的人生觀，不管多或少都能甘之如飴。

「舊的不去，新的不來」的新購物觀

年輕時，我們對所有事物都感到好奇，物質也一樣，只要負擔得起都會想要擁有，尤其是勞心勞力之後，常常想要用購物來犒賞自己。

購物往往是一種非理性衝動，我們通常只管「喜不喜歡」，不會太在意「需不需要」，後果就是東西越買越多，家裡越來越亂，心情越來越不安定。

五十歲後必須重新檢視自己的消費觀；如何克制購買欲，捨棄不需要的東西，需要一點自覺和決心。既然購物無法避免，就得讓購物像理財一樣預設停損點。我的對策就是「舊的不去，新的不來」，或是「來一個新的，丟一個舊的」。

過去還在職場時，為了彌補自己年少的匱乏，往往想到什麼買什麼。我先生也不遑多讓，很喜歡購買新鮮玩意兒，舉凡潮衣、潮鞋、背包、床單、鍋碗瓢盆、骨董擺飾……統統成為他的戰利品。他買了之後常因為捨不得用而收起來，沒地方擺就藏在沒人看見的地方，久而久之，收納櫃再多也不夠存放，等到真要找時卻忘了放在哪裡，為了方便乾脆再買一個新的……於是可想而知，兩個人購買力的加乘效果，家裡變得像倉庫一樣。直到有一天，我真的受不了了，才決心做出改變。

該不該丟，最快速有效的衡量標準，就是看這件東西一年之內是否使用過，如果完全沒用到，就是或丟或捐或送人，總之，讓東西發揮利用價值，而不是變成庫存。清理雜物並不難，最重要的是下定決心讓自己的生活更有品質。

「斷、捨、離」的練習

想通之後，我發現最大的關鍵就是：東西只進不出是有問題的。房子的空間是有限的、固定的，而購物是永無止境的，有限的空間永遠滿足不了無限的欲望。所以物品需要消化，欲望需要管理。

於是我告訴自己，買了一件衣服，就要丟一件衣服，如果衣櫥裡沒有一件衣服捨得丟，就不准買。

現在網路購物方便極了，更是考驗我們的欲望以及克制力。既然不可能完全不買東西，在購買的行為上就需要理性的機制和觀念來管理欲望。還有舊的，確定要買嗎？願意丟掉舊的來換新的嗎？這真的是我需要的嗎？沒有它就過不下去嗎？購物前這樣反覆的問自己幾次，就真的減少了購買頻率。

採取這項對策，不僅讓我克制購物的衝動，也降低我的壓力，讓生活更簡單而快樂。當然偶爾會有一些例外，就是獎勵自己的時刻，譬如我做了一件讓自己激賞的事情，便告訴自己可以買個東西來犒賞一下，這樣生活不會因為過度節制而失去樂趣，我認為這是一種平衡。糟糕，我是不是又在幫自己找藉口了？

改變居家環境，換個心情

置身職場時忙於工作和育兒，家裡要保持乾淨整潔根本是天方夜譚，夫妻倆下班回到家早就筋疲力盡，鮮少有時間好好整理，但是卻又不斷購物。東西只進不出，就像前面說過的，居家環境完全沒有品質可言。

此時此刻，孩子長大或離家之後，正好可以重新檢視。做個改變，換個房子，或是退而求其次添購家具，重新配置房間，或是改裝一下，都可以帶來展開新生活的心情。

我最近搬了新家，最喜歡的是客廳主窗戶外有一個小陽台，望出去可以看到山景。我發現這一面窗太重要了，整個房子因此有了「呼吸」的感覺，每天早晨起床走到客廳，心情就變得開朗，好像在跟我說：「早安，你好啊。」「環境可以改變心情」的說法一點都沒錯，我現在非常喜歡窩在家裡看書、寫作，置身其中讓我沉靜。

以前我住在市區，為了不浪費寸土寸金的空間而把陽台往外推，結果為了隱私整天拉緊窗簾，失去看到藍天白雲的機會，難怪那時總喜歡往外跑。現在我會建議有陽台的人好好珍惜它，種點花草，布置景觀，讓自己每大可以看到有生命的植物。最近我在新居的陽台種了一株白水木，它的姿態搖曳生韻，盡情伸展，讓我每天一看到就心情開朗。季節的變換，陽光灑入客廳，這個家的氣彷彿是流動的、有生命的。所謂好風水，就是住起來讓人舒服的地方吧。

該丟的丟，該送的送，人生有一個新的開始，新的環境教我空間一定要留白，不需要的東西不買，東西不擺太滿，用過的東西一定歸位，這一點點的小習慣使得居家的環境井然有序，變得清爽乾淨，加上那一片窗的風景，現在待在家裡比較不煩躁，心安定了，感覺真好！

04

養生保健篇

活著，就要健康

「活得老，不如活得好」，健康是所有幸福的基石，我要對身體的健康負責，做出努力。我要注意均衡飲食，並且要運動，讓自己有能力享受生活。

每天走一萬步

年輕的時候工作忙碌，總覺得時間就是金錢，凡事以快速和效率為第一考量，只要占用時間又對工作效率沒幫助的事，都不在我的關注清單中，因為時間這麼不夠用，所以都要花在完成工作上。別說運動了，連睡覺和吃飯我都覺得浪費時間，做這兩件事好像只是為了維持身體運作，以便能繼續工作。所以那時可說是食不知味，睡不成眠，現在想想，其實身體已經發出多次警訊了。

當時什麼樣的怪病都得過，像蕁麻疹、暈眩症、胃潰瘍、顏面神經失調、自律神經失調，身體已經被我過度使用，而且抗議連連，我卻不以為意、甚至視而不見，出問題就到醫院打打點滴、吞幾顆藥後，再返回戰場繼續奮戰，以為鐵打的身體會永遠挺我。

還好我在年過五十開始省悟，知道身體沒出事是我的運氣，再不好好保養身體可能就會釀成大禍。雖然以前的「健康功課」不及格，希望現在積極補救可以彌補過往的無知。

對於運動，我試過很多方式，也買了年票，上過健身房，找過教練，上過個人舞蹈教室，但是都無法持續，最後發現，原來對我最有效也最能做到的，竟然是最簡單的「走路」。運動就是要持續，嘗試過多種不同的方式之後，只有走路讓我有動力每天做，現在每天走一萬步，是我的目標和挑戰。

說來慚愧，退休之前我鮮少搭乘捷運或公車，能坐車的話絕不走路，最常做的動作就是手一揮，計程車就開到面前，何況在台灣計程車便宜又方便，那時我還鼓勵大家要多搭計程車以促進經濟呢。有一次上了公車，竟不知道要投多少錢，而且身上也沒有悠遊卡，還好一位好心乘客幫我刷卡解圍。

以前走路對我而言能免則免，但是不必上班之後，心情輕鬆很多，現在越來越享受走路的樂趣。有些精緻的餐廳和小店都是一步一步走著，在「柳暗花明又一村」的驚喜下遇見的。

我最喜歡散步的區域是離舊家不遠的民生社區富錦街，現在變成一條非常有味道的街區，吸引很多外國背包客和觀光客造訪，經常走著走著就會撞見心儀的文創餐廳或小店。

現在年輕人用新的觀念來經營社區，有咖啡店、畫廊、茶藝館、才藝教室、服飾店、複合式餐廳等等，各有特色，展現自由流動的創造力，這些是在我開始散步之後才有機會欣賞到的。

自從離開職場之後，時間比較彈性，在先生的鼓勵之下，我開始學習搭捷運，坐公車及走路。我發現走路散步能夠讓心靈淨化和安靜，也是一種最方便、簡單，而且不花錢的運動。

以前因為忙碌而疏於運動，因此肌耐力很差，沒想到一走路之後好處多多，心跳加速，微微出汗，有精神活力得多，而且意外發現走路時很有幸福感。

一開始是每天五千步，現在則挑戰一萬步，手機軟體非常便利，每天幫我計步，它總是提醒我不要偷懶，成為一項有趣的遊戲。坐公車或捷運時，有時我會提早一站下車，讓自己多走一點路。經常走著走著就出現讓人眼睛一亮的店鋪或風景，成為生活中的小確幸。

倘若覺得走路太無聊，爬山也是不錯的運動。在台北市郊爬山有很多選擇，有不少步道非常適合全家去走走，像北投軍艦岩、天母登山步道、信義區象山、陽明山二子坪，都是難度不高、很受歡迎的路徑，不妨試試。三五好友一起去爬山，再去喝杯咖啡，偷得浮生半日閒，聚會時不見得只能吃吃喝喝。

對於不運動的人，選擇一些輕活動，讓自己走出去，接受大自然，曬曬太陽是最簡單基本的方式。活動、活動，人活著就是要動。

飲食也是一種人生態度

年輕的時候為了拚事業，通常不太在意飲食，要嘛就外食，要不就應酬，不是暴飲暴食就是不在乎營養，加上壓力大，腸胃道的毛病更多，像幽門桿、胃潰瘍、胃食道逆流都曾找上我。

五十歲後，新陳代謝和消化系統不像年輕時候強健，所以不能把自己的胃當作垃圾桶，想吃什麼就吃什麼，必須要有意識的控制飲食的種類以及食材是否新鮮。

所以我現在幾乎把必要的應酬都安排在中午，晚上就盡量不讓腸胃有太多負擔。而且我發現吃七分飽是最舒服的狀態，有時候為了貪吃而把自己撐得很脹，整天都很不舒服，頭腦也會變得遲鈍，所以克制自己的食欲以及不偏食，是很重要的一課。

除了盡量不偏食之外，我現在也很注意食材的天然和新鮮與否，盡量不吃加工食品，過度烹調反而讓味蕾難以消受，不如食物本身的原味來得單純安心，所以我現在比較喜歡蒸或煮的食物，盡量減少炸和烤。

我拙於烹調，所以外食的機率很高，沒辦法避免之下，只能盡量選擇安心的店家，然後要求店家少糖、少鹽、少油，自己多喝開水、多運動來盡量做到飲食平衡。

現代很多飲食和養生觀念日新月異，網路上的健康知識也林林總總，讓民眾不知如何分辨，但我最後的學習是，每個人的生活習慣不同，體質也不同，只有自己最了解自己，所以要認真傾聽自己身體的聲音，找出最適合自己身體的方式。像我睡得晚，所以經常選擇跳過一餐也不會覺得餓，但像我先生最注重早餐，他運動多，不吃早餐可能撐不到中午，所以飲食態度因人而異。

我也是一個很討厭麻煩的人，現在坊間有關健康養生的資訊太多，常常看得令人膽戰心驚，這個不能吃，那個有問題，搞得也不知道該聽哪一派專家。我認為享用美食本來就是一件愉悅的事，太多的限制我也不喜歡，既然食安有那麼多地雷，我在選擇餐廳和食物時，也盡量不集中在某一家或某一類，廣泛選擇以減少風險。基本上我盡量把握幾個大原則。

1 不偏食，平均攝取營養

2 不吃消夜

3 多吃蔬菜，減量肉食

4 多喝開水

5 用蒸煮代替炸烤

6 不固定吃某家餐廳或某種食品

7 餐餐七分飽

這些大概就是我的簡單飲食原則吧，到目前為止，我覺得還算享受又不會太受限。

飲食是一種人生態度，我們怎麼吃就是怎麼看待生活。狼吞虎嚥的人生活急躁，心有旁騖。無肉不歡的人重口欲，喜歡樂愛享受。中醫說「飲食有節」，我們若能隨著環境循環節氣食用當季當地食材，與大自然共存，應是一種對地球和對自己的健康態度。

來點靜坐冥想與瑜伽

這些年我愛上瑜伽。做過瑜伽的人都知道，瑜伽是一種藉由意識調整呼吸、以身體姿勢達到全身平衡，恢復身體自癒能力的訓練。我一開始學瑜伽是因為這是一種和緩的運動方式。

經由瑜伽我學會了腹式呼吸，學會感覺身體的律動，傾聽身體的聲音。我找出呼吸的節奏，也慢慢知道如何放鬆與平衡。每次當我緊張或是焦慮不安的時候，就會慢慢的練習腹式呼吸，心就緩緩安定下來。瑜伽讓我的身體不斷的打開，到達前所未有的境界，有時以為已經達到極限，可是身體透過伸展一再的給你驚喜。

舒展之後的身體淋漓盡致，所有毛細孔都活起來，筋骨也一節一節的打開，全身舒暢柔軟，還可以接收到身體的回應。

練瑜伽的另一大收穫就是比較不會腰痠背痛，而且筋骨柔軟了，也比較不會因為扭轉身體而受傷。

除了瑜伽之外，靜坐也是我放鬆自己的方式。我會選擇瑜伽和靜坐的方式來平衡自己，可能和急躁的個性以及忙碌的生活節奏有關，因為愛冒險的個性，讓我的心一直定不下來，腦子裡經常有千百種稀奇古怪的想法和念頭閃過，無法讓自己的腦袋「關機」，也無法平和自己一顆躁動的心。

「靜坐」就是與當下的自己相處，放下執著和嚮往，和自己的內心對話。雖然我到現在還在練習階段，並沒有做得很好，腦袋瓜的念頭還是跑來跑去，但我依舊會每天抽出十五分鐘閉上眼睛，觀照自己的內心，當下感知自己原來有多麼混亂和貪心。「靜坐」或許是我處在高壓環境與紛擾生活中的一片淨土，教導我感受內心的聲音，理解生命。

除了這些溫和的運動之外，我也會隨著心情而轉換，像是有氧舞蹈、拳擊、跑步機、腳踏車，和其他健身器材。總之，現在最大的改變是，運動已經排入我的日常時間表，不是「有空再做」的項目，而是必要的功課。

閱讀是一輩子的禮物

能夠養成閱讀的習慣，我覺得這是一輩子最棒的禮物。喜歡閱讀的人，心是安定的，是豐富的，是不怕寂寞的。閱讀可以在任何時候陪伴我們，只要需要它，就可以靠近它。

旅行的時候，一個人的時候，睡前，起床，任何時候你都可以找它，擁有它。傷心、難過、挫折、失敗的時候，它都會是你最好的朋友，給你撫慰，或許還會意外的帶來人生的答案，這個年紀喜歡閱讀絕對是最棒的習慣。

曾經，閱讀讓我找到了人生的方向，改變我的思考、我的行動，讓我想變成一個更好的人。年輕時我從《未央歌》找到我決心念大學的理由，從席慕蓉和鄭愁予的詩句中找到文字的美麗，進而創作了歌曲，成為校園民歌手。我從賈伯斯和許多名人的傳記中看見創新和創業的可貴，以及從失敗中東山再起的勇氣，讓我在創業的過程中擁有往前走的力量。

書在我的人生中扮演著重要的角色，它是我的導師、我的摯友、我的陪伴，我很慶幸自己擁有閱讀的習慣，讓我在第三人生不孤單。

遠離手機，給自己優質睡眠環境

我們這個時代大概永遠無法逃離手機的掌控，雖然越來越多的資訊告訴我們手機帶來的壞處和災難，但我們還是拒絕不了它，因為它提供了社交的聯繫管道和各種便利的資訊，在科技包圍的現代，恐怕不能完全遠離手機。

既然不能沒有它，那麼至少試著不要讓它完全掌控，我希望能夠更有智慧、更有節制的來使用它、運用它，讓自己變成它的主人。慢慢的，我也體會出使用手機必要的一些不被干擾和自我克制的方法。

大部分時候，我都關閉通訊軟體提醒的鈴聲，除了時程提醒之外，任何訊息進來通常不會干擾我，而我也養成事情做到一個段落才去看手機的習慣，絕不會三不五時就檢查 email 或通訊軟體的訊息。這樣可以讓我工作得更有效率，更能夠專心做事而不被打擾。

我一直有輕微的睡眠障礙，總在睡覺時翻來覆去，很難入眠，所以我盡量想辦法安置舒服的睡眠環境。睡前我一定關閉手機，因為覺得若是有急事一定要找到我的人，還是有辦法找得到，因此盡量不讓手機的無線電波和簡訊干擾睡眠。

睡前閱讀是我養成的習慣，我覺得書本可以讓我安定，只要避開那些驚悚或恐怖小說之類的書籍，它就像我的老友，每天晚上跟我說說話，慢慢的有了睡意，我就合起來放在床邊，跟它道別明日見。

塑造良好的睡眠環境對我們這個年紀的人來說，是非常重要的一件事，睡眠、運動、飲食、心情都是最容易影響健康的因素，睡不好隔天精神一定差，所有的活動和決策力都會下降。對我這樣忙碌又念頭太多的人來說，好好睡個覺真的太重要了。

05

容貌儀態篇

人到中年要為自己的外表負責

不管到了幾歲，都不放棄打扮的權利，同時留意自己的儀態和舉止，面對鏡子的時候，希望看到自在快樂的自己。

不要放棄打扮的權利

五十歲後，若是不注重外表，不打扮自己，除非是天生麗質，大都看起來會比實際年紀要老一些，而且可能顯得邋遢又沒精神。尤其要小心退休之後，缺少了職場禮儀及社交場合的需要，更容易放棄打扮的念頭。

這些人可能認為容貌和身材都變了，再怎麼努力也回不去年輕的姿態，心態上也覺得小孩都大了，沒什麼好打扮的，於是「順其自然」讓皮膚蠟黃，身材走樣，只好穿些寬鬆暗淡的服裝遮掩身材，到最後乾脆過著放棄外表的生活。

無論到任何年紀都不要放棄打扮的權利，因為那代表一種心態，一種自信，一種成熟，一種美感的表達，它是一種宣示，對優雅生活的態度。當我們放棄了裝扮自己，也等於放棄了對自己的期望和想像，削弱自己的存在感。活出美麗不只是外表的光鮮亮麗，而是一種生活態度。

即使每個人的外貌條件不同，審美眼光也不同，但是為自己挑選有季節氛圍的衣服，試試流行的味道，再搭配時尚的帽子或絲巾，規律運動讓自己身材勻稱，偶爾塗塗指甲，抹抹淡妝，搽點口紅，讓氣色好一些，相信心情都會變得不一樣。不要一年到頭一成不變，放棄嘗試新事物。

法國女人總是老得很美麗，穿上色繽彩紛的衣服，戴上華麗精緻的帽子，臉龐塗上淡淡的妝容，踩上性感的高跟鞋，說話輕聲細語，面露微笑，整個容貌和身體姿態呈現出來的就是一幅風景，令人看了賞心悅目，就像一個戀愛中的女人一樣散發出無比的魅力。

我欣賞的女星奧黛麗．赫本曾經說過：「優雅是唯一不褪色的美。」優雅無關乎年齡，而是一種狀態，一種自我肯定，一種對自己的尊重。當你喜歡自己，你會在乎自己的裝扮和談吐，你會願意去學習、去嘗試如何打扮自己，你會更有自信的展現自己，散發出愉悅自在的氣息，這股氣息會感染旁邊的人，讓人覺得你是快樂的人。

外貌的老去並不足以害怕，害怕的是不在意自己，當我們不在意自己就會讓外貌失去光彩。反之，當我們在乎自己，就會讓自己活出良好的狀態，包括外表和內在。

這時候的我們已經有了歲月的歷練，少了稚嫩，多了成熟，有自信，懂得取捨，融合對美感的認知與獨特品味，散發一種融合智慧與美麗的感染力，獨一無二。外表和心靈是相互影響的，心靈當然會影響外表，但外表也會影響心靈，若要心靈更快樂有活力，把自己裝扮得賞心悅目，是值得鼓勵的。

當然，打扮需要學習，倘若不知如何打扮，去請教子女或年輕人，聽聽他們的意見，多翻閱服裝雜誌，多觀察你欣賞的朋友或公眾人物。我有很多新的觀念和知識都是跟女兒學的。當然不是要跟年輕人穿的一樣，而是敞開心胸去了解流行的趨勢和元素，順便也培養自己的美感品味。流行時尚真的很奇妙，有時只是改變一下長度，有時是小細節的剪裁修飾，時代感就出來了。以前穿不慣的衣服一旦試著加入流行的配飾，忽然就順眼起來了。

風格，絕不是年輕人的專利，不見得需要昂貴的品牌，我們可以混搭出自己的風格。上街去觀察一下，你會發現有很多新奇的事物，幫自己買點裝扮的行頭，讓色彩和好心情進入你的世界，還有加點微笑也是裝扮的重要元素，相信周邊的氣場都會變得不一樣。

心態絕不要被年齡所局限，不要把老字放在心裡，不要倚老賣老，不要常常嘆氣，不要常常想當年，我們要好好運用最棒的新中年時期。不為別人，就為自己的快樂而裝扮。或許我就是個愛漂亮的女人，所以我大聲主張「活到老，美到老」。

五十後女人穿搭的 Dos and Don'ts

Dos

1 選擇質感比較好的衣服。
2 打上底妝，讓膚色明亮一點。
3 翻翻時尚雜誌，學習新的穿著觀念（但不要只看少女雜誌）。

4 找出適合自己的風格。

5 微笑。

6 多閱讀，開放心胸，讓內在的氣質撐起你的服裝。

Don'ts

1 不要穿過短的裙子和短褲。

2 不要佩戴過多飾品，如果需要，一件就好。

3 不要穿太緊身的衣服，除非你的身材很好。

4 不要穿過高的高跟鞋。

5 不要留太長的頭髮，如果要，請綁起來比較有精神，比較俐落。

該不該做醫美？

聽說現在去做醫美的年齡越來越下降，連二十多歲的年輕人都勇於嘗試，而且不分男女，可見愛美是人的天性，再怎麼青春還是對自己不滿意。

但該不該去做醫美這件事見仁見智，而且是個人選擇，沒有對或不對，各有各的觀點。做與不做完全看個人對於美麗的解讀和心態。

有個女性清潔用品品牌曾經做過市場調查，訪問許多女性認不認為自己是美麗的，結果令人意外：只有百分之二的女性認為自己是美麗的，這個調查發現女人對於美這件事是多麼沒自信。

女人對美麗的追求是不會停止的，有的人把醫美當作是皮膚保養的方式，定期的去打針、雷射。當然也有人像作家張曼娟，堅持想要看看自己六十歲以後的樣子，拒絕醫美，豁達的接受自己變老的模樣，也是一種值得敬佩的態度。

無論是哪一種選擇都沒有好壞，畢竟那是自己的決定，只是追求任何事物都不能過度，不要過度仰賴醫美，但也不要放任自己邋遢、蒼老。

藉由醫美科技改善膚質，讓自己看起來容光煥發是可喜的，但是不要把自己維修得像二十幾歲的美少女一樣，那真的大可不必，譬如把皮膚緊繃得跟蠟像一樣，或是打得一條皺紋都沒有，臉部表情僵硬，讓人看不出來你是在笑還是在哭，真是尷尬。

如果說醫美可以發揮到一百分的效益，那麼只要做到七十分就好，把三十分留給「不完美」，譬如有十條皺紋，或許就用醫美撫平六、七條，保留三、四條，讓自己看起來自然些，保留一些該有的歲月痕跡，看起來也比較合理。

既然醫學發達，在安全無虞的狀態下，讓自己保持健康、明亮的膚質狀態，是可以嘗試的。只是有人嘗試之後，就會永無止境的想要再做更多，頻率更常，因為它的效果立即可見，加上人永遠不會對自己的美麗感到滿意，所以若自己不克制很容易就會走火入魔，因此適可而止便考驗著要走這條路的男女們的智慧。

話說回來，再怎麼多的醫美技術和青春外表，還是要有內在的知識涵養和優雅的舉止，才能匹配得上，絕不能忽略了精神心靈的追求。一定要提醒自己不要過度沉溺或依賴，畢竟可以透過醫學的方法讓自己看起來神采奕奕、容光煥發的樣子，已經是難能可貴了，千萬不要永無止境的去追求皮膚緊實、毫無瑕疵的那種人工美人，這樣反而適得其反。

無論接不接受醫美，都不是重點，對於五十歲世代而言，身心靈的平衡才是最舒服的狀態。有句話說得好，「若要相貌美，先要心靈美」。人在四十歲以後要為自己的容貌負責，心靈修養會反映在面相上。我們曾經說過的話、做過的事、萌生的想法，都會成為精神面貌的一部分，那不是人工的修飾所能掩蓋的，那是歲月和修為的累積，是我們人生態度的鏡子。氣質，才是恆久不變的美貌！

優雅的儀態是抗老祕訣

隨著歲月的歷練，除了外貌之外，內在知識、氣質、想法、品味、生活態度都會影響外表的模樣。尤其看到那些溫文儒雅、說話篤定自信，卻謙沖為懷，品味出眾的中年男女，都讓我深深受到吸引。

五十歲以後要有自己的風格和態度，尤其要避免露出大刺刺、無所謂或是倚老賣老的態度。有時在公共場合看到一些長者穿著邋遢，講話大聲，不管他人感受，我行我素，大聲教訓人的情景，真讓人看了難受。

有一回我坐公車，接著一名中年婦人提了一袋東西上來，就一直瞪著坐在靠近車門位置的一名大學生看。大學生只顧著滑手機，沒注意到她的眼神，婦人就故意用身體逼近他。

大學生大概感受到了，抬頭看了一眼，婦人憤恨的瞪著大學生，大學生不解的問：「怎麼了？」

沒想到這位婦人馬上怒氣沖天的說：「我就看你什麼時候會看到我，什麼時候要讓位。」這位年輕人趕緊站起來跑到後面去了。

我仔細的看了看，那個位置並不是博愛座，而這位婦人四肢硬朗，年約六十歲，不到非讓座不可的階段，但是她一副理直氣壯、氣勢凜然，像在教訓孫子的樣子。她坐定之後還不斷的碎碎念：「這些年輕人越來越不識相，越來越不懂得敬老尊賢。」

五十歲之後因為更年期的生理變化，聲音和體態本來就會有越來越中性化的趨勢，追求外貌不是每個人都有條件做到，但是尊重他人、優雅的行為舉止是每個人都可以要求自己的。我們的言談舉止都會反映內在修養，也會投射到外貌，千萬不要莽撞失禮。

無獨有偶，另一次在公車上，有個婦人要下車，因為手上提了兩袋東西有點重，所以她要司機等一下，並且對著正好上了車的一位女學生說：「你幫我把這袋提下去！」女同學摸不著頭緒的愣在那裡，問：「你是在對我說話嗎？」婦人說：「我不對你說，對誰說？幫我把這袋東西提下去！」

女同學當然照做了，但這種命令式的口吻似乎在宣示：「我比你老，你當然要為我服務。」這些景象都讓我心生警惕。年齡應該越陳越香，絕對不能仗勢資深就不計形象，禮貌是最基本的，尤其是同理心。

除了注意自身在公眾場合的形象之外，有時候也要小心群體聚集的力量。我有時會看到一群年長者在餐館大聲喧嘩，完全無視於旁人的觀感，做自己做得太忘情。或許大家久違重聚很開心，因為年長比較放得開，結果干擾其他客人，反而形成了另一種「公害」。

影星奧黛麗．赫本說得好，「優雅是一種生活態度，關乎選擇，關乎平衡，關乎不後悔，忠於自己所好」。

我曾經在一家飯店咖啡廳看到一位年約五十的女子，打扮得宜，靜靜的坐在窗邊跟友人談話，她一邊啜飲著咖啡，一邊輕聲細語的說話，我正在欣賞她的時候，結果服務生經過時不小心把飲料潑灑在她身上，她只輕聲問服務生是否燙傷，完全沒有慍色，那一臉的溫柔和氣質，整個人和環境融合成了一幅美麗的畫面，我心裡好感動，這樣的美麗女人才是五十歲該有的面貌啊！

中年世代在心靈的成長與智慧的累積，絕對是抵抗外貌衰老絕佳的利器。我們說過的話，走過的路，經歷過的事，遇過的人，都會成為我們氣質的反射。或許外表無法再追求極致美麗，但是擁有心靈的成熟美，優雅的生活態度，展現一種從容不迫、氣定神閒的姿態，才是留給年輕人最佳的典範。

06

婚姻家庭篇

我可以邀請你嗎？

幸運的話，與另一半攜手共度餘生當然很棒；若無法如願，各自追求人生夢想也很好。

重新檢視夫妻關係

進入婚姻久了，很容易落入一種慣性，老是用同樣的模式和另一半相處。

但人是喜新厭舊的動物，最終若沒有任何創意或變化，很快就會被日常生活的柴米油鹽醬醋茶所淹沒，激情退去後，驀然回首，突然覺得身邊的這個人怎麼會變得這麼陌生！當初認識的他不是這樣啊。

曾經因為一言不合開始冷戰，也曾經因為忙碌而忽略了關心，於是兩個人的道路漸行漸遠，兩人間的談話除了電費、小孩學費之類的日常瑣事之外，已經沒有任何交流，更別說眼神及心靈交流的觸動。

其實你也知道兩個人可能吵架的罩門在哪裡，為了日子好過些，我們也聰明的不去碰觸對方的底線，於是兩個人的關係就像久未疏通的臭水溝，明知道它很臭，但是卻不想清理。為了方便，就習慣性的用蓋子把它蓋起來，眼不見為淨，以為這樣就天下太平。等到哪天突然想要清理，蓋子一掀起來卻臭氣沖天，只好把它蓋回去，所以臭水溝的問題始終未能解決。

要清理臭水溝就等於要疏通兩個人的關係，必須要有心理準備，過程一定得忍受臭水溝掀起的髒亂和臭氣。重啟對話是最重要的，倘若可以好好的說說話，重新審視兩個人的關係，重新面對自己的不成熟，重新包容對方的不美好，最重要的是可不可以重新再愛對方一遍，重溫當年戀愛時的那種美好，那條臭水溝就有可能變成潺潺小溪了。問題是，誰都不想掀開那個臭水溝蓋。

婚姻應該是我們一生中最重要的關係之一，我們可不可以重新回想一下當初是怎麼愛上對方的，當初看中的優點在哪裡，那個優點還在不在，如果在，為什麼那時候還愛，而現在不愛了？是你自己變了吧。關係是雙方的，是互動的，必須要有一個人先釋出善意，不是另一半，那就是你了。

如果兩個人還看重這個關係，可不可以試著肩並肩去散散步，試著一起去喝杯咖啡，或一起去追尋同樣的目標、休閒嗜好，一起去上上課，坐下來眼神專注的看著對方，回想著過去的甜蜜，翻一翻以前的照片，好好的說說話，好好的讚美對方，我相信對方會感受到你的善意和改變，便可以重拾那個熟悉的感覺。畢竟這麼多的歲月兩人一起度過，生命歷程有另一半這麼多的參與，很難有第二個人可以取代。

如果都努力過了，溝通過了，兩個人還是不想在一起，那就好好面對這樣的情況吧，分居、卒婚或離婚都是可以選擇的，就是不要再讓那條臭水溝擱著不清理，總有一天你的生活會被臭氣熏死，活得不愉快，畢竟我們還要活很久。

如果你決定一輩子都不打開水溝蓋，也確定對方不會打開，雙方都願意就這樣與臭水溝和平共處，那也是一種雙方的選擇，畢竟日子是你們在過，鞋子是你們在穿，別人就無權過問了。

用「邀請」的態度與另一半相處

我們經常犯的一個錯誤就是很容易傷害身邊親近的人，尤其是家人和另一半朝夕相處久了，不再顧慮禮貌和感受。

我們總是以自己的角度和感受為出發點去要求另一半，當對方的意見跟你不一樣的時候，我們就開始不開心、不高興，覺得對方為什麼不能夠配合自己。

這不也是另一種霸道嗎？為什麼要把自己的期望加諸在別人身上，難道別人沒有拒絕你的權利嗎？難道只因為對方是你的配偶，所以只能毫無怨言的接受你所有的要求？

我的老師曾昭旭有一次就跟我說，能不能用邀請的態度去對待另一半，若是用邀請的觀念，就表示可以拒絕，可以接受，也可以再考慮。不是嗎？當我們舉辦活動送出邀請函給朋友的時候，通常都會留幾個欄位，像是接受、拒絕，或在考慮中，這就表示別人有拒絕的權利。

可是為什麼我們對於最親愛的另一半卻不能如此？所以，當你希望對方去做某些事，態度和觀念應該是「邀請」，至於要不要答應則是另一半的自由與權利，你不能生氣，造成別人的壓力。

譬如你想看電影，對方不想看，你不能因為這樣而不開心、耍賴、威脅，或抱怨對方不配合你。

人生到了下半場就是要自由自在，你渴望擁有自己的自由，怎麼會允許對方過得不自由呢。

邀請最主要的意義就是讓他人保有選擇權，就算這個選擇權不是你期望的，你也要欣然接受，一旦不如預期，也能沒有不舒服，沒有不開心。即便對方拒絕，你還是可以高高興興地去實踐自己想做的事，不必硬要他人陪伴，你也可以允許自己快樂，這才是真正的自由自在。

你來，很好；你不來，我也很好，能夠做到這樣的境界才算是成熟的大人。心靈完全是開放的，沒有依賴，也沒有強求。這樣的夫妻關係才是真正的尊重，雙方沒有負擔，才能走得長長久久。

這讓我想起當代女詩人扎西拉姆．多多的熱門詩作〈見與不見〉，有一種愛是全然的堅定與包容，以及給對方選擇。

放開了，對方自由，我們自己也輕鬆了。對配偶和子女都一樣，只要給愛，放掉期望，皆大歡喜。

我也想起好多年前的一句廣告詞：「留點距離，讓我們更近。」真是貼切的形容，說得太棒了。

一個人其實沒什麼不好

就像日本作家吉澤久子所說的，人生，到最後都是一個人，不管是單身、離婚或喪偶，最終我們都是一個人離去。所以每個人都要具備孤獨的能力，還有讓自己快樂的能力。

過了五十之後若是單身，無論是未婚、離婚還是喪偶，對婚姻的觀念也慢慢趨向於隨緣和自由自在，婚姻不是他們的嚮往和必要。

我身邊有些單身的朋友，他們仍然談戀愛，但不見得想要再進入婚姻，只是單純的希望有一個談得來又興趣相投的伴而已。

現在的女性就業機會增加，都有養活自己的能力，還有很多女性的收入和能力甚至勝過男方，若真等不到心動的那個人也沒有什麼好勉強的。能在一起生活很好，不能就當好朋友，相互照料也不錯，不一定要進入婚姻。

畢竟到了這個年紀，每個人的家庭背景、子女成員、經驗故事都不一樣，大可不必勉強。單身的男女可以不結婚，但不要不談戀愛，無論幾歲，都可以盡情的享受戀愛的甜美。

真正進入婚姻的現實，反而很難維持戀愛的浪漫。到這個年紀戀愛不是為了婚姻，而是尋求一個談得來、處得來的伴。

一個人的生活自由自在，不用跟別人商量就可以自己行動，不用配合別人的時間就可以出發，只要夠獨立、夠勇敢，就可以很自在的享受一個人的日子，照顧好自己的靈魂，至少不用再跟另一個不愛你或你不愛的人綁在一起。

不是因為沒有人愛，也不是因為沒有被人愛，所以才選擇一個人。一個人的真正快樂是不管有沒有談戀愛都可以快樂，這樣才能夠真正的享受生活。

平常我們就要習慣一個人的生活，有些事情有同伴一起做很好，有些事則一個人做更好。全然的接受不確定的狀態，隨緣最好，不強求一定要怎樣，也不一定不要怎麼樣。

所謂自在，應該是全然接受處在任何狀態下的怡然自得，活在當下，就算處於不喜歡的環境，仍然可以選擇「泰然處之」的快樂！

雖然很多女人最終還是希望有人疼愛，被人呵護，但是很多事沒有辦法如己所願，所以最好能夠享受一個人的生活，才不會被牽制。多培養一些興趣，多練習一些才藝，多交一些朋友，日子一樣多采多姿，萬紅千紫。

像藝人藍心湄和陳美鳳兩位資深美女保持單身，不排斥戀愛，但也不依賴男人，還計畫要和好友相互扶持，成立「姑婆村」，我想這也是女性自主的一種創意思考。五十以後了解愛情並非主要幸福關鍵，不想再依賴男人而快樂，姑婆村的樂趣是，唯有女人懂得女人的靈魂。

而我也相信，能夠享受一個人的快樂，才有機會得到兩個人在一起的幸福。

卒婚，從婚姻中畢業

台灣婚姻制度的設計，其實是結婚容易離婚難，所以在我們這一代結了婚之後想要離婚，並不是一起蓋個章這麼容易，尤其是有了小孩之後，多少為了小孩而忍受婚姻，很多人就這樣一直被困在婚姻裡面。離婚可能伴隨著財產分割、小孩教養，還有人際關係重新分配的種種問題，使得離婚要面對的問題太多，太過於複雜。

男人在退休之後比女人難以適應生活，主要是因為男人在忙於事業打拚的時候忽略了生活，也沒有培養興趣，而女人比較擅長在生活中尋找小樂趣。很多家庭主婦在男人時常不在家的狀態下學會了獨處，或是和姊妹淘聊天、互享生活點滴，反倒擔心男人退休之後，妨礙了自己的清靜與自由。

日本近幾年興起「卒婚」的趨勢，卒婚的字面意義就是「從婚姻中畢業」，卒婚不是離婚，而是在子女長大之後重新檢視婚姻。

五十歲是我們實現人生夢想的黃金期，三、四十歲的時候，夫妻倆可能會因為婚姻和家庭責任不得不綁在一起，此時子女已長大自立，很多人會思考如何追求自己的興趣和快樂，擁有更大的空間和自由。

我有一些同齡朋友早就和另一半分床或分房，追求彼此的自在。有的人勇於追求自己的夢想，沒有想要離婚，卻暫時卸下婚姻的任務。有人想要退休後去開民宿，有人想要流浪去當旅行作家，有的想要返鄉種田，有人想開麵包店……若是夫妻倆各有各的道路，其實可以各自去實踐。

卒婚不見得是負面的，反而是一種健康的想法。維持家人的關係，卻不必陷在婚姻的框架或困境中，像是因為某些理由而無法離婚的夫妻，或是各自擁有不同的夢想，卻不想妥協等待的夫妻，這或許是一個較不麻煩又不傷害家庭的權宜方式。

誰說夫妻一定要綁在一起？履行了婚姻的責任與義務後，現在正是追求夢想的時刻。攜手實現夢想當然很好，但各自去完成夢想也可以。夢想不同不用勉強，成長後仍然可以相互分享。

總之，重新檢視婚姻狀態，不管是再愛對方一次、改變心態相處，或是選擇各自獨立生活，最重要的是不要勉強，給自己和對方的心靈深呼吸的機會。

07

親子相處篇

獨立的父母是對子女最大的祝福

放下我們的最愛。面對子女的長大與離去，祝福他們，不要緊抓不放、不必追。

不要養媽寶，父母請節制

企業界感嘆年輕人出現「媽寶」現象，但「媽寶」的形成大都是五十歲世代的父母培養出來的。

我們這一代大都是在均貧的環境下長大，苦過、奮鬥過才走到今天的豐衣足食，我們不願孩子吃一樣的苦，所以急著將自己缺乏的彌補給孩子，將自己得不到的讓孩子擁有。

結果導致父母對兒女保護過度，讓他們毫無抗壓的能力。他們耍賴了，父母馬上認栽；他們捅樓子了，父母挺身處理。是父母剝奪了孩子成長的機會，讓他們跌倒了不會自己站起來，遇到事情也不懂如何判斷思考。

我在大學的課堂上問大四學生，父母在你選填志願時會「強力主導」的請舉手，結果有一半的學生舉手。接著我問，畢業後找工作父母會介入的請舉手，只是少了幾個，但也近一半。

這就是台灣父母的「強勢」，自認為關心子女，愛護子女，結果就是強力介入他們的工作和生活，導致現在年輕人沒有承擔責任的機會和訓練。我觀察台灣年輕人遇到事情往往沒有主見，一定先回去問爸媽，很少在第一時間就能夠自己解決問題。

我自己也為人父母，當然清楚子女永遠是父母一輩子的牽掛，但就是因為愛子女是這麼「理所當然」，忍不住源源不絕的付出，所以更要學會節制，不能讓愛氾濫成災。

以前我還是企業主管時，當有人提出辭呈，我都會問他們原因，最不想聽到的一種說法是：「爸媽說這工作太辛苦了，經常加班，希望我換工作。」然後我再問：「你自己覺得呢？」有人頭低低的回答：「我也不知道……」我多麼希望他們回答的是：「我認為這份工作不適合我……」我渴望聽到他們自己的意見和想法。

曾有幾個例子是員工喜歡這份工作並不想離職，但無法說服父母，因為父母的主導性很強，他們只能屈服於父母的要求，放棄努力，轉而選擇父母認為穩定又相對輕鬆的工作。

溺愛孩子的媽媽、管太多的媽媽、什麼事都跳出來給意見的媽媽，最容易養出「媽寶」小孩。相較於西方社會的父母，通常在孩子高中畢業就讓他們離家自立，這些孩子高中畢業之後，有的並不直接進入大學，他們會去打工養活自己，幾年後存夠錢再回去求學。

若他們直接進大學大都是貸款念書，一邊打工，一邊還錢付學費，父母就算有資助也不是全額。他們很清楚高中畢業後是告別父母、獨立生活的開始，所以他們不會過度依賴父母。難怪西方的孩子獨立成熟得早，而很多台灣的年輕人，三十歲了還得靠家裡養活。

華人家庭大都會資助孩子到大學畢業為止，這也算合情合理。孩子大學畢業大約二十二歲，便是我們父母學習放手和不管事的時候了。

若是父母心態不改，不忍放手的話，這個孩子成為媽寶的機率就高了。

有些父母像是有強迫症一樣，到學校指導老師該如何教導自己的孩子；在孩子上班之後，還會經常到辦公室樓下等孩子下班，或是每天簡訊、電話照三餐問候。有時還會介入孩子的工作內容與選擇，甚至還會代替孩子找主管商談，不僅給孩子很大的壓力，也給公司很大的壓力。這樣的父母就別期望孩子可以獨立自主，頂多只是滿足與扮演父母心裡永遠不長大的「彼得潘」了。

這樣處處為孩子爭取「權益」、體貼孩子的父母，就是讓孩子成為溫室花朵的元凶，讓孩子無法思考，唯唯諾諾，無法真正獨立。人的本性就是好逸惡勞，所以年輕人必須藉由接受挑戰的過程，培養紀律與責任心才能成長。父母不加善誘，反而推波助瀾幫助孩子逃避挑戰，當然子女的抗壓力會不足。

說來都是父母忍不住要去愛，是父母自己克制不了掌控的欲望，倘若這才是愛，能不能試著不要愛那麼多，試著不要介入。當父母不再介入孩子的生活時，孩子才會學習自己找答案。

當孩子上大學以後，試著把他們當「別人」。他們是獨立的個體，具有自主權，你們雖然有血緣，但只能關心，不能介入，只有建議權，沒有控制權，尤其不要強勢主導。

真正的愛是不給壓力，你只能期望，只能引導，不能用父母威嚴去控制。

可以的話，不要跟孩子住在一起，孩子成年以後，寧願他們去外面租房子，也不要他們住在家裡，因為你會忍不住愛他、關心他、嘮叨他，以致影響親子關係。不住一起，他們反而會想念媽媽的拿手菜，反而會自己洗衣服、做家事，會想回家，你的角色不再是傭人，是那個可以撒嬌的媽媽了。不住一起，感情反而更好。

不論孩子幾歲，從現在開始克制自己滿滿的愛，少一個媽寶孩子，他就多一份競爭力，家庭也就多了一根支柱。倘若你真的忍不住要愛，就多愛自己和另一半吧。

子女長大後把他們當別人

「把子女當別人」是我們首先要開始學習轉念的事情，或許有人聽到這樣的論點覺得不可思議，孩子我從小管到大，怎麼現在不能管了？事實上，如果能把子女當作別人，反而可以維繫好的關係。

想想看，你會對朋友的事情意見很多嗎？你會強加自己的意志力在朋友身上嗎？你會指使朋友去做他不想做的事嗎？用這樣的態度和子女們相處就對了，關心他、支持他，但是別強迫他。

「有點黏又不會太黏」，應該是親子之間最舒服的狀態吧！

印度智者說「把別人當別人」，這句話看似簡單，做起來不見得容易。這句話的深層意義是，但凡不是自己，都是「別人」，不管多親的親人還是獨立的「別人」，另一半是別人，兒女也是別人。既是別人，就不是我們可以掌握或控制的，我們必須尊重「別人」的意願和選擇權，縱使為別人好也要適可而止。

我們當然不會去管陌生人的事，但往往只要是認識的人，我們就不把他們當成「別人」，不是嗎？這時雞婆的個性就出來了。我們總覺得這樣做是為他們好，也不管當事人願不願意就出手幫了，搞得當事人不悅，但還是堅持認為自己是為他們好。

表達過多的意見，或是主動安排子女不想接受的機會，都是干涉，兒女為了讓步而順從，但未來成果的好壞不就變成你要為他們負責？若他們以後怪你，你會接受嗎？

子女年過二十之後就要練習將他們當別人，尊重他們，還給他們人生的主導權、選擇權，學習閉上嘴巴，只能引導不能主導。不管結果好不好，子女都要承擔自己的選擇與決定，這是人生的學習，給他們空間擁有自己的人生。

子女結婚成家之後，有了自己的小家庭，千萬不要再自以為是的出太多意見，不要看不慣念東念西，跟媳婦或女婿意見不合，畢竟那也是屬於「他們」家的事。如果有了孫子，就快快樂樂的當阿公阿嬤吧，不一定要幫忙帶小孩，讓他們承擔養兒育女應付的責任，除非他們請你幫忙，但是也僅止於偶爾幫忙的角度，千萬不要越俎代庖，成了他們的免費傭人。

不要為了幫孩子省保母費而幫忙帶孫子，倘若要像保母般二十四小時的幫忙帶孫子，恐怕不是我們這個年紀的體力可以負擔，省了錢卻壞了身子划不來。若真想幫忙，還不如出點錢讓他們請保母，而你只要在旁逗逗孫子就行了。一方面避免過度勞累，二方面也避免和下一代因教養觀念不同而產生嫌隙。

千萬不要介入養育孫兒的意見，萬一真的與子女的教養觀念不同，用溫柔的語氣提醒即可，畢竟他們才是孫子的爸媽，他們是主，你是輔，不要因而產生爭執，讓親子、祖孫之間的關係受影響。

最聰明的父母就是經常請客，讓孩子們攜家帶眷一起聚餐，而且盡量到外面的餐廳，不要自己煮，累死自己，這樣大家都沒有壓力。你保持一貫的優雅及身為公婆的高度，讓大家經常齊聚一堂，皆大歡喜。慷慨的父母大家都喜歡，何樂而不為！

不要期望子女關愛的眼神

我身旁有好多朋友在子女長大後有深深的失落感，離家的離家，就業的就業，念書的唸書，多半不在身邊，甚至負笈他鄉。心裡停留的，彷彿是不久前那個還牽著我們的手，嘰哩咕嚕的撒嬌，嘰嘰喳喳的說個不停，希望引起我們注意的小公主和小王子，可是曾幾何時他們已經比我們高，已經不再想牽我們的手，他們的眼神早已不在父母身上。

中年人有一種心情很難調適，就是發現孩子突然長大了，大得讓我們措手不及，大得超出我們的想像。很快的他們的心思轉移到自己的社交圈，可我們還沒做好準備，我們的心裡還保留著他們童言童語、小跟班小麻煩的模樣。我們都曾經天真的希望，孩子可以永遠不要長大，陪著我們該有多好，但是他們並不會這麼想。

如果我們沒有自己的生活重心，如果我們還是事事繞著子女轉，恐怕失落與挫折感會日益嚴重。兒女有兒女的人生要過，我們應該真心祝福他們，支持他們去追求自己的夢想。想當年，我們不也是這樣找尋自己想要的人生，離開父母，成立家庭。

無論子女是不是離開家庭，我們都要過自己的生活。倘若「空巢期」會伴隨失落和孤獨，是做父母的沒有調整好心態，沒有準備好子女早晚要離家的事實。換個角度想，孩子長大成人，正是我們可以開始做自己的最佳時刻。

倘若子女上班了，而你卻一天到晚惦記著他們，天天噓寒問暖，不時打電話問他們現況，催促他們回家，他們將籠罩在愛的壓力之下，無所適從。我以前有個員工在上班時經常接到母親的電話，家裡發生的芝麻綠豆事，她都要跟兒子訴苦商量，也常常跟兒子哭訴丈夫的不是，搞得兒子無心上班，情緒十分焦慮。

兒子只好經常請假回去陪媽媽。沒有多久這位媽媽還是故態復萌，同樣的電話一而再再而三的狂打，自己沒有安全感，還讓孩子左右為難。這位員工到後來不知該如何面對母親和工作，最後選擇到國外工作，以避免母親的「騷擾」。

其實，我們過得越健康快樂，兒女就越幸福。我們越放不下，兒女就越不自由。唯有做父母的能夠自主生活，活得多采多姿，子女才有辦法獨立自主，無後顧之憂的追求他們的夢想。這個年紀不要成為子女的負擔，把自己的生活過好就是愛子女最好的方式，也是給他們最好的禮物。

讓年輕世代活化我們的心

年輕人的學習能力比我們好，也比我們有想像力、有創意，接受新事物的能力也比我們強。

原本以為我們的知識和歷練足以教導孩子一輩子，直到有一天發現他的學業問題其實你也幫不了什麼忙，反過來有很多趨勢的問題、流行的問題、外面世界的問題，你開始要回頭問他們了。

慢慢的，他們變成了我們的眼、我們的耳，帶領我們認識這個新世界，開啟我們的視野，打開我們的好奇心，讓我們再度年輕！偶像歌手、音樂、時尚、流行、趨勢和網路世界就是藉由孩子而打開我的心、我的窗。

我就是透過兒子才開始聽周杰倫的歌，原本我以為自己不喜歡 R&B，不喜歡咬字不清，不喜歡嘈雜的音樂，但是周杰倫讓我認識了新一代的歌手如何打破音樂的藩籬，創作出多元的音樂風格，令我驚豔，從此愛上周杰倫的曲風，變成他的粉絲，開始接受新一代的歌手和音樂。

新的網路時代，新科技、互聯網、社群媒體、人工智慧，這些都是我們要向年輕人學習的新知識，不能再倚老賣老，敞開心胸，用開放的態度去接受那些我們不熟悉也不了解的事情，年輕人能教我們的事物比我們想像的更多，世界就是這樣一直在進步。

年輕人讓我們敞開僵固的心，用不同的角度觀看這個世界，嘗試多元化的新事物，心靈變得青春。所以不要用既定的框架去規範他們，他們比我們想像的更棒、更優秀，只要用欣賞的眼光、求知的欲望去了解他們的世界，向他們學習。

因為擔任大學老師和台灣新創團隊導師的緣故，我有很多機會和年輕人及創業家在一起，他們的思考模式大大顛覆了我的想像，不得不佩服年輕人的創意。我感覺生命就是這樣生生不息的運作流轉著，我從年輕人身上獲得的成長，不輸於我能給他們的經驗傳承，這才是最棒的雙贏組合——年輕人從我們身上學習經驗和智慧，我們從年輕人身上學習創意和新知。

新舊兩代若能夠互相包容，互相欣賞支持，將是多麼美好的事情，就像我在網路上看到的一句動人的話：「父母陪我長大，我陪父母變老。」

保留家族傳統與默契，讓家庭更緊密

身旁很多朋友說，孩子大了之後分散各地，近一點的落腳在台灣其他城市，遠一點的是兩岸或亞洲區，更遠的還有跨洋的歐美各國。

在這樣的狀態下，尤其需要一點特別的儀式或家庭的約定，讓大家有機會緊密的連在一起。有了家庭的傳統和儀式，就會形成一種約定俗成的默契，這個家庭就有了獨一無二的特質。

傳統和儀式可能是上一代傳承下來，也可以是你當了父母之後建立的，它會烙印在孩子的記憶裡，變成他們的ＤＮＡ，是一輩子與家庭共同的記憶。

我給孩子小時候的記憶是睡前講床邊故事，因為工作忙碌的關係，我每天只能規律的做到這點，因此這也成了我與兩個孩子之間難得的默契，他們小時候都超期盼睡覺時間的來臨，我讓他們自己選喜歡的故事書，兩個孩子很不一樣，一個老是選同一本書，同一個故事，百聽不厭，另一個卻是每天都換不同的故事書。我縱使很忙，也會先講完故事後再加班，一直到他們長大，床邊故事的溫暖仍然是他們最深刻的童年回憶之一。

我家現在的儀式是每年一定要一家四口一起去旅遊。由於我們家現在四個人分居三地，若沒有刻意安排的話，一年到頭根本碰不在一起。

所以孩子長大之後，我就規定他們每年暑假的時候一定要抽空全家一起去旅遊，然後每個人輪流企劃舉辦，讓大家都有參與感，這樣經過幾年之後，我們所擁有的共同記憶就會越來越多。

我對母親最深的記憶是新年一定要穿新衣。母親是位出色的服裝設計師，但是年輕的時候由於環境的關係沒能出來創業，只能到外銷成衣廠打工，實在埋沒她的才華。那個年代，父母沒有什麼餘錢可以隨意的買新衣服給我們五個孩子，有時都要穿鄰居有錢人家捨棄的衣服，所以每年過年的時候，她都一定親手做新衣給我們五個孩子，好似要彌補我們的匱乏。

小時候覺得母親像魔術師一樣，大年初一就會變一件新衣給我們，那時候物資缺乏，由於我們兄弟姊妹一年只能穿一次新衣，所以過年前總是充滿了期望，觀察有錢人孩子的穿著，然後很興奮的跟母親描述我想要的衣服樣式，母親就會抽空畫草稿、製作衣服。

記憶中她上班很忙，一直要工作到除夕，但除夕夜那晚，她一定會熬夜將五件新衣做好，在我們兄弟姊妹一覺醒來後，就有夢寐以求的新衣服可以穿。

一直到中學畢業，這個傳統變成了我小時候對「年」的記憶，還有對母親的懷念，直到現在，我還是會在除夕時幫自己和孩子買新衣，代表著母親的愛及對除舊換新的期待。

我以前有位主管是美國人，他的家庭傳統就是每天一大早陪家人吃早餐，因為他的工作非常忙碌，很難趕得及回家吃晚餐，所以他就與太太商量，全家養成早起的習慣，除非出差，他每天都在家吃早餐，與孩子聊聊學校的事，讓孩子感受到爸爸的關懷。

另一位總經理朋友雖然有司機，年輕時仍然堅持每天開車送孩子去上學，在車上約十五分鐘的路程跟孩子聊天，孩子長大後仍然記得爸爸的關愛和溫暖。

自從母親過世之後，現在每個星期六晚上，我們五個兄弟姊妹都會帶著先生孩子回家看看老爸，吃爸爸煮的菜。不管多忙，我們都會在週末趕回爸爸家聚會，這樣的儀式和習慣讓我們兄弟姊妹的感情緊緊相連，也讓父親在母親去世後有一個期盼的夜晚，因此，星期六晚上的聚會成了我每週必做重要的事。

現在有些家庭在第三代出生之後，會找機會讓堂兄妹、表姊弟之間舉辦固定聚會活動，讓整個家族擴大聯繫，使家族的意義更加堅固。我相信每個家庭都有獨一無二的儀式，這些傳統對於孩子具有深遠的意義，也是家人可以緊密連結的媒介。

趁早寫遺囑

看過太多有錢人因為沒有把遺囑處理好，生前沒將家產分配好，下一代為了爭奪家產而上演手足鬩牆、對簿公堂的戲碼。

一代經營之神王永慶先生叱咤風雲一輩子，最後卻徒留很多未解的爭議給下一代，令人唏噓。由此可見將遺囑寫好，生前在孩子面前說清楚、講明白是一件重要的事。

如果你資產不多，可以慶幸沒有分配家產的煩惱，但是如果你有千萬家產，最好先立下遺囑，讓下一代免去上法院的困擾，也能夠保有基本的兄弟姊妹相互尊重友愛的關係。

上一代對於遺囑及身後事總是非常隱諱，甚至避而不談，使得不盡完備的或有爭議的部分也只能靠打官司來解決。至於下一代要不要將父母的期望當成比法律更高的原則來執行，也只能靠手足間的情感和智慧來決定，但是只要有一人持不同的意見，就會產生嫌隙，而且通常家產越多，手足間的衝突越激烈。

我身邊曾有不少朋友都遇到父母遺囑交代得不清不楚、財產分配不公的狀況，導致兄弟姊妹之間不相往來，甚或打官司、在法院怒目相見的情況，真的是情何以堪。

有位好朋友因為母親重男輕女的觀念非常嚴重，在父親過世後，強求所有的女兒放棄繼承權，把全部財產與存款全留給長子，完全無視於這個大女兒長期照顧家裡，現在經濟遭逢困難急需媽媽的幫忙，我的朋友很難過，雖一時不能釋懷，但最後還是順著母親的意思放棄繼承。

還有一位朋友是因為母親過世，妹妹不願意承認母親口頭的囑咐，認為母親不公平，要求法院判決，同樣也傷了姊妹的感情。姊姊說做了一輩子的姊妹，從來不了解妹妹會有這樣的心態和行為，因此感慨不已。

我們無法改變父母的觀念，只能自我警惕不要犯同樣的執念，免得下一代因為錢而傷感情。

立遺囑其實很簡單，並不是有錢人的權利，任何人都可以寫下自己的財產分配方式，盡量不要去牴觸法律的規定，以免造成紛爭。只是有些人恐怕連自己有多少錢、多少資產都搞不清楚，所以請在生前明白交代，最好是能在子孫面前講清楚，這樣至少證人很多，否則可能會導致後代得打官司來解決。

寫遺囑一定要在神智清醒的時候，所以越早立下遺囑越好，當然資產會有所變化，而我們的想法也會隨著時間而改變，有了一個基礎原則之後，每年更新或檢視一次也很簡單，所以請將立遺囑列為我們死前應該要做的重要事情之一。每年檢視一次，也會越來越清楚自己的心境轉折。

趁早立遺囑不但可以檢視你和下一代的關係，也可以重新思考資產對你的意義。人生無常也苦短，天有不測風雲，越早立遺囑越沒有後顧之憂。該是改變觀念的時候了，立遺囑不會觸霉頭，而是對自己的負責，也是對下一代的慈悲。

08

與父母和解，陪他們到老

伴老照護篇

父母陪我們長大，我們陪他們變老。
世代交替生生不息，改變觀念面對他們的老去，陪伴、接納是最好的禮物。

跟身邊的人和解

每個人一生的信念、價值觀、行為模式及個性命運都跟原生家庭連結在一起，尤其父母對我們的影響長久又深遠，我們心裡對父母有很多複雜情結，不管是依賴的、感激的、憤怒的、不滿的、愧疚的……

到了中年，我們應該找個時間跟父母和解，尤其趁他們還健在的時候。

有的人終其一生都在跟父母抗爭，或是雙方都不示弱，有的直到父母臨終之際才有機會和解，有的甚或都還來不及告白，父母就離開了，這些抱憾終身的故事不勝枚舉，切莫讓這樣的事情發生在自己身上。

我年輕的時候很叛逆，跟母親的關係時常對立，她要我往東，我絕對往西。一直到自己創了業，母親二話不說幫我帶小孩，扛起我該負的責任，讓我專心的衝刺事業。我在她對孫子的呵護中，感受到她對我滿滿的愛。她一直替我照顧孩子直到她中風為止。

母親中風以後，不想見人也不想出門，我不知可以為她做什麼，有一回看她腳趾甲很長，便拿起水桶盛了熱水，拿起指甲剪為她修剪。那一次我們都變溫柔了，聊到忘卻了時間，於是每星期回家幫她洗腳趾，修剪趾甲變成我們母女之間的對話與和解。

我看著母親一雙歷經辛苦的腳掌，撫摸著她的腳趾、小心翼翼的幫她修剪，她享受著我的服務，我也非常高興能夠有機會表達我的愛。後來到她過世前兩年，她的腳趾絕不讓任何人修剪，只等我回去為她服務。我謝謝母親給我這個機會，讓我可以重新認識她，撫平母女關係，這對我往後的心態有很大的幫助。

有一回我跟作家王文華聊天，提到五十歲之後應該要跟父母和解。他卻說應該跟身邊的每一個人和解，使我大有感觸，開始思考到人生之中所遇過的人，那些曾經讓我糾結過或傷害過我的人，我可不可以放下？而被我辜負或傷害的人是否有機會去和解，打開心裡的愧疚。好的或不好的，都和我們生命做一個總整理，做一個了結。

我想到自己創業初期，一名員工因為我一句話憤而離職，我愛面子沒有去找她，因而失去一個工作夥伴。

還有一名協力廠商在懷孕時被我撤換，讓她失去一筆長期的生意。我年輕時的自私和無知傷害了他人，真的希望有機會跟他們說聲抱歉。

建立正面的關係都是先從接受開始，接受我們一路走來遇到的人與事，這些經歷讓我們成為今天的自己。我告訴自己，不論什麼心結，此時都該反省放下，好好與身邊的人和解，跟過去無知的自己告別，讓人生無憾。

改變觀念，面對父母的老去

我們在逐漸老去，父母卻比我們更快速老去，邁向人生盡頭。不管你願不願意，父母需要我們照顧的時刻終究會來。

連同配偶的父母，許多家庭都會有兩雙父母要照顧。幸運的話，雙方父母健在又能夠自理生活，但畢竟是少數，四人之中總會有一兩位遭受病痛之苦或是已經過世。

雖然嚴重一點的病情可以申請外勞或看護來照顧，但畢竟不是家家都能負擔得起。有不少中年兒女為了照顧年邁生病的父母，不得不辭去工作，或是犧牲自己的生活，如果身為獨生子女，責任更加沉重。雖然政府有一些長照的措施和計畫，但是與其依賴政府伸出援手，不如自己未雨綢繆。

無論如何，陪父母最終的一段是做子女的義務，所以面對年邁的父母，我們一定要有心理準備，放下執念，調適心情，接受一些新的觀念，才能夠應付這些變數，勝任這項任務。

我的母親和公公婆婆在前幾年先後過世，只剩下父親還健在，所以我們兄弟姊妹特別珍惜跟父親相處的時間。之前照顧三位長輩，在旁邊經歷了他們病痛的過程，我學習了一些經驗。

我和公婆同住，公公罹患帕金森氏症，臨終之前略微失智，大小便失禁，當時生活有很多的無奈和不便，本來覺得挫折，因為家裡無論如何都無法保持整潔乾淨，後來我們做兒女的轉念之後，用對待小孩的方式哄著他，就不會怪他行為失常或忘東忘西，這樣的心態調適對照顧者很重要，否則挫折感會很大。

公公走後，婆婆搬回老家，由先生的兄長照顧，她身體虛弱而長期臥床，我們能做的，就是經常回老家看她，跟她說話，撫摸她的臉和身體，讓她感覺有人關心她。她後來經常握著我的手不放，我想她是有話想說的，只可惜當時她無法言語，透過肢體語言及身體的接觸，我可以感受到她的脆弱和真情，而我也相信她可以感受到我的關心和不捨。

母親則是在六十多歲就中風，後來父親辭職照顧她，我一位未婚的妹妹也一直陪伴在身邊。我很幸運，因為兄弟姊妹眾多，而且都住得離父母家不遠，所以我們可以相互支援，分配時間，並且經常回家探望父母。我的弟妹們都很孝順，大家都很願意分擔照顧父母的責任；相對的，我也沒有犧牲太多自己的生活來承擔責任。

母親中風八年多，後來是因為胃癌而離開，後面幾年她變得有點多疑，有時有些幻想，譬如指責菲傭偷她的錢，說誰在背後罵她，我們那時候沒有經驗，老是責怪她想太多，沒理會她，於是她氣得不想跟我們說話。

後來我學習轉念，改變策略，乾脆跟她同仇敵愾，一鼻孔出氣，聽她細說以前的事，罵她想罵的人，她就變高興了，跟我有說有笑，說我很懂她。原來生病的人需要的是關懷，而不是說教，了解他們比講道理重要。後來，我經常幫她泡腳，跟她說話，她很享受這樣的相處時光，而我也得到機會表達我對她的愛。

唯一遺憾的是，我們沒有在母親生前告知她實際病情，沒有問她還有什麼想做的事未完成，以及想對我們說的話。當時考量到她的心情可能會因此而厭世，所以選擇不說。

經過這些經驗，我意識到面對生病的老人不能跟他們講道理，他們不是變了，而是病了。生病使他們多疑，使他們和以前不一樣。如果我們還是用以前那種把父母當成像山一樣高的心情仰望他們，不僅容易失落、沮喪，親子關係也會受到影響。

父母老了之後會變得嘮叨愛抱怨，大約有兩個原因，一是身體真的不太舒服，二是期待有人關心，想引起兒女的注意。如果兒女了解這樣的心情，或許比較不會覺得不耐煩，願意多關心他們。

母親走後，父親格外感到孤單，所以我們兄弟姊妹都會輪流去看他，孫子們也都經常逗著他。父親今年八十五歲，身體沒有以前硬朗，膝蓋也不行，沒有辦法像以前一樣到處走走吃美食，所幸他和以前一樣樂觀，還常說：「像我這種年紀不用坐輪椅的，還真是少啊！」

父親最大的興趣就是吃，以前考慮到他身材肥胖，我們兄弟姊妹禁止他吃太多，油炸的不讓他吃，熱量太高的不讓他吃，兄弟姊妹管東管西，你一言我一語，有一回他生氣的說：「我年紀這麼大了還不讓我吃想吃的，那我活著還有什麼意思？」

這句話打醒了我們，想想也對，如果是我被剝奪了最大的樂趣，也會覺得活得沒意思了吧！後來，我們兄弟姊妹就改變策略，選擇性偶爾帶他去吃各式餐廳，他也變得高興起來。從這件事我也學到，對於老人家其實不用限制過多，如果沒有立即性的危險，或許讓他的晚年還有一些開心而值得期待的事情，遠比延長壽命重要。

倘若生病到末期已經毫無生活品質的時候，也不要強求用積極又無謂的醫療方法去延長病人的生命，像氣切、插管等行為，徒增老人家的痛苦，接受自然死亡或許是比較人道的做法。畢竟，活著的時候能夠擁有有品質的生活，比痛苦的延長生命更重要。

09

人際互動篇

當個有溫度的人

五十歲以後，做個有溫度的人，比做個專業的人重要。
把別人當自己，就會有感同身受的情懷。

不想討好所有的人

做了半輩子的好人以及別人眼中期待的人，中年後突然想做自己。

很多人可能並沒有真正的做過自己，尤其是那種從小聽話的乖小孩。在成長過程中難免承受父母、師長、社會的期望，或是想爭取同儕、長官的認可，所以總是勉強自己朝著別人的期望而活。

五十歲以上的世代大都承受父母很高的期待，尤其是念書、考試的求學過程。在父母的權威下學會討好每一個人，不想讓人失望，不知道如何說不，總是先照顧別人的需求，卻往往找不到自己。

習慣於討好父母的人，也會被訓練得善於察言觀色，在乎別人的眼光和喜好。他們的壓力往往來自於人際關係，想討好所有的人而變得患得患失，進退失據，別人的喜怒哀樂、一言一行便足以牽動自己的情緒。

有一天我們會發現，不管你多麼努力，總有一些人會喜歡你，也有一些人討厭你，我們不可能滿足所有的人。我在中學時代曾經因為不明原因而整頭掉髮，受到同學的嘲笑，心裡曾經非常受傷，但是這件事讓我想通了，以後只做自己認為對的事，想做的事，其他嘻笑由人，儘管會得罪一些人，但是做真實的自己還是比較愉快。

有個朋友是完美主義者，對自己的期許甚高，無法接受別人對她的批評與質疑，曾經因為聽到一些耳語而得了憂鬱症，可見要擺脫別人的眼光做自己，並不是一件容易的事，但隨著年紀的增長，越來越能夠了解人性的詭譎，就比較容易釋懷。

做自己，都是經歷了「見山是山」、「見山不是山」，再回到了「見山又是山」，才會有一番真切的體悟。因為成熟了，才了解人生不必處處偽裝，不必凡事強求，不必得一定要怎樣。

學習不要太在乎他人的眼光，是解放自己壓力的方法之一，反正人生過半，不需要太多無謂的掌聲，只要有一群真正在乎我們的人就好了，他們才是我們應該討好、應該在意的人。我們傷心難過，他們會陪我們流淚；我們開心快樂，他們也會手舞足蹈，這些人才是我們真正要關心在意的人，把焦點和能量放在這些人身上吧。

面對朋友關係的智慧

五十歲後，周遭的人際關係正悄悄發生變化，因為即將離開職場的關係，同事、客戶、老闆不再是我們社交的重心，取而代之的將是老伴、老友、親人、同好。人際關係不同於以往，少了一些利益計較，多了一些溫馨陪伴，只是有很多朋友也是多年後再相聚，大家都經歷了一些是非起伏，人生心境有了很多變化，或許他已經不是當年我們認識的那個他，我也不是那個當年他們認識的我，因此我們彼此都得改變思維，重新認識。

這時候周邊的朋友都和我們一樣，也想找回自己，所以他們可能跟我們一樣，變得不想妥協，追求自我實現，變得更有定見和個性。可能中年世代過去壓抑慣了，現在決心要做自己，就像是洪水沖破了水壩，宣洩得淋漓盡致，有時會過了頭。

於是我發現身邊五十歲以上的人越來越固執，有稜有角，有什麼不滿意便大剌剌的說出來。我們突然發現怎麼眼前那個認識二、三十年的老友變得那麼不一樣。聚會的時候突然有人說她不愛吃辣，但之前可是不怕辣、辣不怕的。又有人開始針砭時事，對於電視新聞很有意見，充滿評論家味道，可之前卻是溫文儒雅，從不批判的。有人對於別人的想法馬上表達不同意見，抬槓來抬槓去，但以前他可是唱和派的。這些想做自己的人同時間又湊在一起了，好不熱鬧。

其實不見得是他們改變了，而是你可能根本沒真正了解他們。以前大家善於隱藏本性以維持和諧，但是人生過半突然有了省悟，大家都要做自己，所以很多「不妥協的自己」出現了，難免會有摩擦和衝突。這時候，如果彼此不能互相包容，就很容易因為小事而一夕之間毀了一輩子的情誼。

因此要懂得調適心態，你在改變，朋友也在改變，你應該放大他們的優點，繼續欣賞他們，否則朋友很難做下去，幾十年的老朋友為了一些小事而翻臉，實在得不償失。

其實你也發現朋友還是老的好，你不必重新介紹自己，也不必重新描述你從哪裡走到這裡。那種安全、自在、信任的感覺是長久累積下來的，他們講上一句你馬上知道下一句，反之亦然，那種默契不是新朋友可以比擬的。

老朋友就像家人，在你面前不需要刻意修飾，反過來看，他們的缺點就變成了他們的個人風格，雖不習慣，但並不陌生。想想身旁有一些可以鬥嘴、吃吃喝喝、吵吵鬧鬧的朋友，是多麼幸福的事。朋友還是老的好，大家還要嘻嘻哈哈相伴很久呢！

同樣的，我們對於自己的改變也可能毫不自覺，以為自己變成熟，其實是更有成見；以為自己變寬容，其實是更冷漠，這時候的自己有所堅持、不願妥協，卻有可能變得頑固而過度自我中心，為了面子死不低頭認錯，成為別人眼中古怪又無法溝通的人。

所以到了這個年紀更要時時反省自己、警惕自己。我們對人與事已經養成一種參透力和包容心，了解自己和別人的不完美，明白每個人都有罩門和局限。於是我們願意多一些包容，因為朋友能多聚一次就多賺一次啊！

當個溫暖的人，把別人當自己

「把別人當自己」是一種慈悲，每個人的際遇不同，和朋友相較感受特別明顯。走到這時候，差距越拉越開，有些人一輩子順遂，有的人一路辛苦，順遂的人或許很難想像別人難過的日子怎麼過。朋友間會有群聚效應，順遂、經濟寬裕的人慢慢聚在一起，辛苦困難的人也慢慢不出現了。

但是若我們有同理心，把別人當自己，就會有感同身受的情懷，於是我們見到朋友、甚或他人的苦難與傷痛時，覺得自己的心也同樣的傷痛，便會用一種人性的關懷去對待那個人，理解朋友的需求，並在朋友需要的時候給予適當的幫助與溫暖。

我現在決心當個溫暖的人，因為溫暖比精明可愛多了。歲月已經消滅了我們的銳氣，使我們不再咄咄逼人、非黑即白，因為明白人生有許多無常，人不一定勝天，所以我們懂得保留餘地，適可而止，不把話說死，不說傷人的話，多一些傾聽，多一些諒解，因為溫暖的力量比批判的力量更深入人心。

我最近遇到一件事，慶幸自己沒有衝動失言。因為廠商沒按照日期交貨，電話也聯繫不上，以至於家裡維修工程拖了好幾天，造成很大的不便，心裡原本非常火大，廠商終於交貨時，本想先數落他一番，但是念頭一轉忍住了，改問他：「是不是身體不舒服，還是家裡發生了什麼事？」沒想到他眼眶一紅說母親去世了，並感謝我關心他。

其實到了中年的年紀，年資漸漸深了，歷練也多了，比較不像年輕時膽怯，沒自信。這時候說話的氣勢較強，多了很多堅持與觀點，因此力道也很驚人，有時候資淺的年輕人或是晚輩根本不敢回嘴，但是我們千萬不要自我感覺良好，以為自己說得如此精采，連旁人都無庸置疑。其實旁人只不過知道你的個性，不想和你爭辯而已。

當個溫暖的人比當專業的人重要。有時候我們無法給人實質的幫助，但是一句關懷的話或是一個擁抱，就足以令對方感到被理解、被接受，這比什麼都重要。

得理且饒人，看透不點破

「得理且饒人」、「看透不點破」、「留條路給人走」都是東方做人處事的哲學，到了這個年紀，益發覺得這些做人的哲理，是人到中年該培養的智慧。

世上最苦的便是有苦說不出，這苦有時是一時誤會，有時是顧及他人的面子、不想當場拆穿而咬牙隱忍。

看破而不點破的修養是智慧的修練，誰不想當下說個痛快，但是話一出口，不但惹得場面尷尬還壞事，真的得不償失。忍一時之氣，看透而不點破，是一種有為的擔當。或許當事人事後能夠省思，那就更值得了。

我在網路上看過一則故事。一天晚上，有個女孩在機場等候搭乘的班機，她找了個地方坐下看書，卻從眼角瞥見坐在她身邊的男人竟未經允許，就直接從他們兩人中間的袋子裡抓起餅乾塞進嘴裡。她忍著氣，眼睜睜的看著那個男人偷吃她的餅乾。

時間一分一秒的過去，她也越來越氣憤，每當她拿一塊餅乾，他也跟著拿一塊。剩下最後一塊時，男人的臉上浮現友善的微笑，把餅乾分成兩半，遞給她半塊，自己開心的吃著手中的另一半。女孩心中充滿了憤怒。直到她登機後，把手伸進皮包時，才吃驚的摸到了一袋沒有開封的餅乾！此時她懊惱萬分，卻再也沒有機會說抱歉。

我們的人生不也經常發生這樣的戲碼？一心認定別人一定怎樣，用我們的想像指責別人，完全聽不進解釋，伸出手指指著別人的鼻子，理直氣壯，事後發現事情並不是我們所想像的那回事，但是懊惱卻已來不及，空留遺憾。

看透來自我們的歷練，不點破是我們的智慧和胸襟，不願為了逞口舌之快而傷人。中年的我們深知，做個有溫度的人遠比做個精明、幹練的人更重要。

天底下有三件事，能管的只有一件事

曾經看過一篇文章說，天底下只有三件事，自己的事、別人的事，和老天爺的事。人之所以有煩惱，就是忘了自己的事、愛管別人的事、擔心老天爺的事。殊不知，自己的事擺脫不了，別人的事管不了，老天爺的事操心也沒用。但人總是逆勢操作，自找麻煩。

自己的事包括：要不要換工作，去哪裡旅行，小張來開口借錢該不該答應，這些屬於自己分內的事，一定要管好。別人的事是指：小李離婚了真不應該，小林買房子買貴了，這些皆屬於別人的事，千萬別管。老天爺的事，則指像颱風、地震、緣分、中樂透，屬於我們能力範圍以外的事，想管也管不著。其實只要打理好自己的事，不去管別人的事，不擔心老天爺的事，就能解脫煩惱。

「別人」也包含已經成年的子女。有位朋友的兒子上大學時打扮怪異，穿耳洞、染頭髮，愛跑夜店，屢勸不聽。做媽媽的看不慣兒子，兒子嫌嘮叨也懶得回家，於是親子關係水深火熱，老媽自己的身體和心情也受到影響。後來實在管不動就乾脆不管了，看到兒子回家就只問他吃飽沒。說也奇怪，兒子漸漸變乖了，開始有責任感，結了婚，還創業有成，忙得不可開交。朋友說，早知道就不用碎碎唸了。

另一位經營小型企業的朋友，因為業績直落而天天求神問卜。我們建議她改變策略，在商品上做些調整，或是嘗試不同的通路，但是她認定完全是被景氣拖累，所以不願意做任何改變，只寄望老天爺保佑。最後產業變化太快，終究歇業告終。

五十歲以後，最大的智慧就是知道哪些事可以做，哪些事不強求。讓自己快樂又不妨礙別人的事情可以多做，對健康有好處的事可以多做，學習成長的事可以多做，對社會有益、幫助別人的事可以多做，不是自己可以控制的事不強求。慢慢的，學會只管自己的事，不介入別人的事，不擔心老天爺的事，我們會變得輕鬆自在而有智慧。

有一句話一直影響我很大，「讓我們受苦的不是事情本身，而是我們對事情的看法」。事情發生了無法改變，唯一能改變的就是我們的看法。有時候我們覺得痛苦，那是我們對那件事無法釋懷，因此讓悲傷啃蝕自己。當我們想開了，念頭轉了，奇怪的是那痛苦再也不打擾了，它就再也不是我心頭的毒瘤了。

所以最重要的一件事，除了管好自己的行為，還要管好自己的念頭。

10

獨處自在篇

和自己對話，與往事乾杯

有時候想離開一下，隱藏起來獨自呼吸。
可以享受熱鬧的樂趣，也可以享受一個人的快樂。

寫感恩日記

上小學時我有寫日記的習慣，還小心翼翼的將日記上鎖，以免被爸媽看到。長大以後忙於探索世界，就中斷了這個習慣。日子過得很快，往往一晃眼十年、二十年過去，只有圖像和文字才能留下深刻的記憶。此時此刻，寫感恩日記的念頭浮上腦海。

寫感恩日記不是流水帳式的交代今天做了什麼，而是想要記錄在生活中對我有意義、有價值的片段，讓我真心感激的人事物。有時是一個念頭、有時是一個感動、有時只是一段對話，只想記下那個心底觸動的片刻，所以寫感恩日記對我而言不是負擔，反而是睡前一件安定心情的儀式。

我開始這樣練習以後，發現好處多多。每天睡前，我對今天發生的大小事情檢視一遍，想想有沒有令我觸動的事情，不管好的壞的，我都用感恩的心情來看待。久而久之，正面、積極變成我的習慣，更容易發現、欣賞每個人的優點，這樣的心態使我越來越樂觀、越來越快樂。

檢視這些片語隻字，可以感覺自己的心很安定：

「今天走在路上風吹過來，舒服得剛剛好，陽光暖暖的灑在臉上，突然很想感謝曾經對我造成傷害的人，他們讓我更堅強、更勇敢。」

「突如其來的一場大雨，雖然被淋得有些措手不及，但是想到中學時曾經頭髮掉光光，覺得有頭髮可以淋溼也是一種幸福。」

「與A的一席談話讓我了解，其實年輕人需要的往往只是一個肯定的眼神，我慶幸自己做了這件事。」

「跟好久不見的老客戶碰面，一席對話讓我很感動。我們不像年輕時針鋒相對、各持己見。成長，真是令人感到快樂的一件事。」

類似像這樣短短的感言及反省，凡事以正面角度看待，讓我覺得每天的生活有意義。

當我越常自省，就越容易讚美人，容易欣賞美的事物。而世界反饋給我的也同樣的多，身旁的人都發現我變得柔和。我的人際關係自在且輕鬆，隨緣快樂，想要一天比一天過得更好。

寫感恩日記，幫助我每天睡前都充滿著喜樂入眠。

安排獨處的時間

現代人怕寂寞、怕孤單，到哪裡都呼朋引伴。其實我們出生時就一個人來，終究也會一個人走，獨處的能力應該是與生俱來，如果能欣然接受獨處的時光，或許人生會有許多沉澱與驚喜。

年輕的時候我是一個超級愛熱鬧的人，哪裡熱鬧就往哪裡鑽。但是往往歡樂後的孤寂讓我更難受，朋友間的分離也讓我覺得難以承受。

但是慢慢的，因為職位的關係，當我越往高處爬時，越發現要承受孤獨的代價，於是我學會享受一個人吃飯、一個人喝咖啡、一個人運動、一個人發呆。

漸漸的，我也發現一個人的好處，不用期待，不用看誰臉色，一個人看電影，一個人逛街，一個人聽音樂，一個人看展覽，只要自己調適心態，不自怨自艾，自由與愜意就會開始找上你，慢慢的你會愛上獨處的樂趣。

年輕的時候覺得「一個人」是不得已，現在則是刻意安排機會，在一個星期中特別為自己留下一整天或半天的空白，讓我可以放空與沉澱。

改變心態之後，我再也不怕時間的留白，不怕無聊，因為我知道自己一個人也可以很好，不需要依賴別人讓我快樂。

有些事情有人陪伴很好，沒有也可以很好，這是我的學習。所以，想要有伴就邀請另一個人，人家答應了，我們開心、感謝；倘若別人不想，或是無法配合，也不必難過，更不需要放棄想做的事。

獨處的時候，心境特別沉靜，思考也特別清晰，我彷彿真的可以聆聽內心真正的聲音。平常雜事太多的時候，我是無法與自己對話的。有很多重要的決定和改變，都是在獨處時聽到自己內心的呼喚而做出的，可見獨處對我的重要性。

獨處是可以練習的，一開始可能會不習慣，一直想安排一些活動，深怕自己沒事幹，那種焦慮有時候會促使我又開始胡亂行動。但是好幾次這樣的狀態我就忍住不做任何安排，看看我的心在躁動什麼，傾聽它的害怕。漸漸的，我發現它安定了，我便慢慢與它展開對話，這樣幾次練習下來，我反而開始享受那種不受人打擾，自己安頓那顆躁鬱的心的過程，然後思慮漸漸清楚，清楚自己該要什麼，不要什麼。

說也奇怪，當你可以自在獨處的時候，會散發一種從容優雅的氣質，吸引了周遭的人跟你在一起，因為他們從你身上看到完整的獨立個體，獲得了正面、快樂的能量，你的自得其樂成為一幅賞心悅目的風景。

人是群居動物，能在一起很好，但可能不想一直在一起。分享很好，但不見得凡事都需要分享。有時候想離開一下，想隱藏起來獨自呼吸，要讓自己擁有這種空間和能力，可以享受熱鬧的樂趣，也可以享受一個人的快樂。

與往事乾杯

隨著年齡增長，智慧的美勝過青春的美，越陳越香，透露一種隨緣自在、從容不迫的風采。

所以，人生要跨越年齡或身體的衰老，唯有從自身經歷的每一天學習成長，讓智慧發光發熱，才能不懼怕青春的流逝，享受熟齡的精采。

年輕的時候我衝動、易怒，傷害人而不自知，中學時因為全班討厭一位老師，身為班長的我以為伸張正義是一種勇氣的表現，於是跑到老師面前用言語忤逆他，說了讓老師難過的話，然後掉頭就走。這件事情老師從未苛責我，仍然對我循循善誘，長大後回想起來，深覺年輕的血氣之勇真是幼稚無知。

年齡越長，往事越多。這些往事有的雋永值得珍藏，有的刻骨難以忘懷，但是若任由它占據心靈，讓我們無法向前，就應該及早止痛消炎，學習包紮傷口，瀟灑的與它乾一杯。

不管好的、壞的，都是我們曾經經歷過的過程，就算是甜美的回憶也已成為「曾經」。在當下我們盡量把握，離開了，我們只能接受和祝福。而痛恨的、糾葛的、纏繞在我們心中已久的，都要送它遠離，不要讓它折磨自己。

曾經關懷過或愛過的，那個人的生命便與我們有了連結，而可能因為某些原因他們走了、離開了，他們之於我們的生命就斷了線，失去連結。你可能傷心、難過，無法接受，凡走過必留下痕跡，但是那個痕跡就只是痕跡，只能留在心底，成為記憶，我們都要繼續走下去。

愛情或友情離開後，當我們頻頻回首，太眷戀、太在乎、太執著、太在意對方過得好不好，我們的心就被綁架了，我們的眼睛就看不到其他的美好。你說放下好難，曾經那麼深刻怎麼可能說忘就忘，我知道你還有餘溫，不可能置之度外，但是你要時時警惕自己，他是別人，與我無關了，與我無關了。

不必常常探詢他們的消息，也不必在臉書搜索他們的動態，感激曾經的美好藏在心中即可，默默的祝福即可，不追尋、不探索就是對他最好的祝福，也是對自己的溫柔。

忘不了、放不下的，只是不願離開曾經美好的感覺。時間經歷過的就是我們最好的禮物，只要默默的感激，謝謝你曾經愛過我。過去不會再回來，但心裡的柔軟處還在，就讓它擱著吧，不需要時時翻攪。

繼續往前行才是最應該的路程，不必頻頻回頭，學學徐志摩的揮一揮衣袖，不帶走一片雲彩。活在當下是最健康的人生觀。調整心情，朝著既定的路程，沿路的風景會陪伴著我們。

你恨的人或曾經傷害過你的人也一樣要乾杯，終究它已成過去式，傷疤也該癒合了。通常你恨的人他一點也不痛苦，但你的心卻讓自己吃足苦頭，恨意將你緊緊綁住。

是的，找個紀念日舉起酒杯，跟往事乾杯吧！新的酒杯裝著明日的希望，期待一個嶄新的自己。

為自己企劃生前告別式

人生下半場思考死亡的機率變多，越來越可以坦然面對，也慢慢接受死亡是人生必經之路，就像季節的春、夏、秋、冬，人生終究要迎接嚴冬的來臨，就像生物循環，有生有滅。

電影《非誠勿擾》中，主角為自己辦了一場生前告別式，令人印象深刻，看完電影之後，我也起了念頭，希望有機會給自己辦個生前告別式。

我們的文化並沒有教我們如何看待死亡，死亡一直是隱晦的話題，因此我們也沒有辦法在死亡之前好好談這件每個人都會歷經的事情，人生有些誤解也是因為沒有在生前說清楚或好好告別。其實，死亡是人生必經的過程，為什麼不能想，不能講？

記得有一年到印度旅行，遇見了在恆河上舉行的火葬儀式，他們將親人遺體放在木頭上熊熊燃燒後，放進河水回歸自然，讓身為觀光客的我深受震撼。但是他們如此自然祥和的看待死亡，彷彿死亡只是生命循環的一部分。

每個人一生有幾次最重大的事件，像是誕生、結婚、畢業、得獎、死亡。只有死亡是我們來不及為自己舉辦或參與的，縱使連出生，我們都還可以自己用哭聲來慶賀，唯獨死亡時卻無法參加自己的告別式，成為一場獨缺主角的典禮。

我們這一代可以接受也可以談論死亡，唯一害怕的恐怕是不知能不能「好走」。所以最難的是這場生前告別式不能太早辦也不能太晚辦，太早的話沒有足夠的氣氛和心情，太晚的話就來不及，最理想的時刻是人生倒數的前幾個月。

假設我能預知也還有能力的話，就有機會辦這樣的一場告別式。像我離開職場為自己辦場告別演唱會一樣，在人生這麼重大的時刻能親自參與，我會想好好的跟親友們告別，謝謝他們的陪伴，我想掛上喜歡的照片，擺上喜歡的花，播放喜歡的音樂，找個舒服溫馨的場地回顧我的一生，用自己喜歡的方式告別。

懷念的、深情的、開心的、生氣的、遺憾的、傷心的我都要做個了結，感謝我愛的人、愛我的人以及傷害過我的人，也對我傷害過的人說聲抱歉，然後我便可以安然無憾的等待死亡。死亡，可以不用那麼悲情，也不需要這麼沉重，我也相信好好的告別是對家人和朋友的一種溫柔。

當然這個念頭只能隨緣，有機會的話，我願意出席自己的告別式，沒機緣的話，我也同樣會在有生之年將這些感恩與道歉寫下來，或許寄出去，或許不寄。我的念頭出發點不是浪漫，而是想勇於面對自己的一生，然後溫柔無憾的離開。不必把死亡看得過於隱晦可怕，或許可以用比較坦然、溫馨的方式來看待人生的終點；或許當大家不會避談這個議題的時候，死亡就會比較自然了。

11

享樂人生篇
享受人生，開拓視野

人生走到中場，就該好好吃，好好玩，好好呼吸，好好感受，用愉悅的心態品味人生。

犒賞自己，旅行去

五十歲以後的中年人努力了大半輩子，現在稍稍可以犒賞一下自己，遊山玩水的享受人生，我想這是再平常不過的願望。

由於台灣經濟已經進入相對富裕的年代，加上科技、交通的便利，旅行成為很多人生活的一部分。旅行對於每個人的意義不同，有些人可能是尋找心靈的自由，或是彌補年少時的匱乏，對某些人可能只是單純的團聚、休息、紓壓、享樂。每個人都有讓自己舒服的旅行方式。

我身邊有很多朋友都把旅行變成生活的一部分，很多朋友都說，一定要把越遠的國度、較耗費體力的行程列為優先要去的地方，也是有道理的思考。

台灣這幾年在美食和文化上有越來越多元化的發展，每個縣市也都努力推廣在地的美食和文創、書店、博物館、展覽會活動等，也有越來越多具有特色的民宿和旅店，這些城市都值得我們造訪。

當工作不再占據生活的大部分時，旅行就變得更有意義了。不論國內或是國外、豪華或是平價行程，藉由旅行打開視野，豐富人生，看見世界有這麼多可愛有趣的地方，看到有這麼多跟我們不一樣的人，學習接納、欣賞和包容。

跟著台灣美食地圖走

國內的美食之旅應該是最容易達成的庶民享樂。

我身邊的許多夫妻朋友，經常兩人結伴跟著美食地圖去尋寶，今天吃這一家的蚵仔麵線，明天吃那家牛肉麵，只要是媒體、網路、報章雜誌所介紹的美食，他們都會興致勃勃的按圖索驥，出外尋找。我覺得這是一個很不錯的小確幸，讓很多新中年人每天生活充滿了熱情。

我的老爸年紀很大，不適合從事長途旅行，也懶得出門，但是對於美食卻毫無抵抗力，再遠他都願意搭公車、捷運，甚至高鐵一起去品嘗，這是我們鼓勵他出門的方式，也是我們家人相聚的方式。

我發現身邊有不少喜愛美食的家庭和朋友，台灣是知名的美食天堂，我們生活在這裡實在很幸福。年輕時太忙碌總是囫圇吞棗，這時候剛剛好有興致、有餘裕可以仔細品味。

享受美食的過程不只是食物本身，更該好好品嘗每一道菜餚設計的用心，感受舌尖上的味道，再騰出一點心情欣賞室內的裝潢、擺設，器皿的配置，燈光的運用，以及服務的體貼。

美食的驚喜不只在於食物而已，還有店家恰如其分的用心。

主題式深度旅行

我現在比較喜歡主題式的旅行，每次旅行都因著不同的主題而有不同的知識學習，主講者是主題式旅遊的靈魂人物，旅遊所到之處就像上了一堂歷史課，優游於古今之中，既知性又感性。我參加過九州的宮本武藏與明治維新之旅，讓我對日本歷史有更深一層的認識。參加西洋美術館之旅，讓我認識歐洲重要博物館和美術館的珍藏，等於上了一堂難得的西洋藝術史。山西河東唐晉之古風營造，則讓我一窺先人的居家模式與生活智慧。

像這樣主題式的緩慢旅行，而不是趕路的行程，非常適合中年族群。因為這個時候我們需要的旅行不只是純觀光，而是希望有更多的人文關懷和歷史緬懷，能和一群志同道合的人實現讀萬卷書、行萬里路的理想，是人生的幸福。

除了國外行程，國內有很多景點和主題式行程也都很適合一日遊或是兩日遊，隨時都可以成行。像大稻埕的懷舊之旅，走訪百年歷史的迪化商圈，寶藏巖和紀州庵森林文學之旅，龍山寺香火朝拜、北投風華泡湯之旅、故宮博物院的文物及特展等，都是住在大台北的人可以立即拜訪的名勝古蹟。甚至像陽明山也是離市區不遠，馬上出發就可以享有國家公園級的優美風景。

遠一點的來個不同鄉鎮的探險之旅，像觀光局推出的台灣十大小城，有宜蘭礁溪、台南安平、金門金城、南投集集、鹿港小鎮，以及苗栗三義等，都是值得去深度拜訪的小城。這些是在離開職場後，號召三五好友或是自己一人都可以簡單行動的旅程。前一陣子我跟老同學到嘉義一遊，意外走進了板陶窯交趾剪黏工藝園區，這個別具特色的文創庭園讓我們一行人驚喜的到處拍照，彷彿到了童話樂園。

準備好心情，隨時都可以出發。此時拜訪景點不再是走馬看花，不必選擇假日，還可避開人潮，用一種重新認識這些熟悉地方的心態，你會發現原來台灣如此美麗，而快樂俯拾皆是。

用遊學的方式體會 long stay 的樂趣

除了主題式的慢旅行之外，如果可以更深入的在不同的城市甚至國外居住一段時間，會是很棒的經驗，最好長居一個月以上，才能真正認識那個城市以及那裡的文化和居民，看世界的角度會更遼闊。但是如果沒有下決心的計畫或擁有在地朋友接應的話，並不是每個人都有機會去國外居留，後來我發現遊學其實是一個很好的藉口。

說到遊學，以前沒嘗試過，自從因緣際會到倫敦遊學一次之後，我就愛上了這種在國外的生活方式。利用遊學的日子可以待在一個城市一段時間，至少一個月，這真是認識一個城市最好的方法。通常選擇遊學，學校或遊學機構都會安排住宿的地方，譬如宿舍或是寄宿家庭，就算都沒有，選擇現在流行的Airbnb安排住宿，也都很容易可以找到短期的住處。

落腳的地方安排好了，一切都好辦。開始準備待上好一段時間，用充分的心情和悠閒的靈魂去了解這個城市，去把自己的心好好的安置在這個城市裡，接受它、享受它，而不是用過客的心情淺嘗即止而已。這時候你的心情是安定的，是準備要好好認識這個城市的，你會收集很多資料，研究當地文化，然後會排好時間表去造訪城市一些有名的景點，以及值得一去的餐廳，然後就開始生活了。重要的是，要讓心情轉換成當地人的方式生活，而不是想著在台灣我們是怎樣方便，否則就會有很多的掙扎。

我算是比較貪心的人，不喜歡只是純粹為了旅遊而待在一個城市，我認為要深入了解當地的文化就必須要先有當地的朋友，而且還要與他們一起生活一段時間。在居留當地的期間，我希望自己不能只有玩耍和娛樂，所以我會安排加入一些學習的課程，而選擇這些課程等於讓自己有機會交到一些當地朋友，藉由與當地同學的互動，會讓整個居留變得更有趣、更有意義。

其實在當地遊學，若不是像年輕人為了申請學校的目的，通常可以用比較輕鬆的心情去選擇自己喜歡的課程，除了上語言課之外，像我在溫哥華就曾經上過鉛筆畫和瑜伽課，在多倫多就上過油畫課，在倫敦還上過烹飪課。這種在異國學習的課程，除了練習語言之外，對於了解當地文化有很大的幫助。

我認識的一位企業家，就說他每年趁著出國旅行之餘，都到當地上烹飪課，學習當地的料理和甜點，不僅可以了解當地飲食文化，還可以深入的與當地人互動，等於上了一堂生活化的歷史人文課程般豐富。像他每次去不同的國家就找機會學習不同的料理，有義大利菜、法國菜、泰國菜等，回來之後便熱情地展現廚藝招待眾親友，自己覺得快樂享受，也嘉惠了眾親友，真是朋友的福氣。像這樣的旅行方式，我認為更有趣。

二〇一五年去倫敦遊學的時候，第一次嘗試在陌生的城市裡生活，一個人走路，一個人找地鐵、問路，一個人煮飯，一個人逛景點，一個人吃飯，一個人生活。一開始其實心裡有點害怕緊張，但是心一橫去面對，就發現雖然遇到很多問題，但關關難過關關過，一關一關的闖過之後，漸漸的熟悉了這個城市，兩三個星期後就越來越享受這個城市。所以二〇一七年的夏天再重新出發選擇多倫多，心裡就篤定多了，藉機會順便到多倫多找念大學的女兒。

我女兒說，從來沒有媽媽像我這樣與小孩一起上學念書，雖然我們不在同一校區，上不同的課程，但她心裡是覺得新鮮的，甚至驕傲的。因為大部分的媽媽來看兒女都只停留一兩個星期煮煮飯，安頓一下就回家了，她的媽媽很不一樣。我也有自己的事情忙，所以也沒有干擾她太多的生活。我女兒依然忙著她的功課和朋友，晚上我們會一起聊聊同學和班上發生的事，她還可以校正我的英文功課，我們互相陪伴，各自獨立，互不干擾。

我選擇遊學方式來認識一個城市，最主要的目的不是學習語言而已，而是在這個陌生的城市裡，有機會認識很多的同學和老師，當我開始交朋友之後，自然不會覺得孤單寂寞，遇到問題有同學老師可以諮詢、可以求救，這是非常重要的一件事。雖然年紀有些差距，但我還是經常約同學一起去探索這個城市。

我在多倫多時，和同學一起參觀了安大略美術館（Art Gallery Ontario，AGO），還有皇家安大略博物館（Royal Ontario Museum，ROM），都是因為同學跟我分享的訊息才知道。其實在西方國家有很多的美術館和博物館，都是免費提供給當地的學生參觀，我經常一待整個下午也不覺得無聊。

像是在倫敦的大英博物館因為離上課地點近，我幾乎每個星期都去，因為遊學剛好持有學生證，那麼參觀這些所費不貲的藝術殿堂就可以省下不少的費用。也因為與不同國家的同學分享，了解跨國文化的不同思考角度，增加不少旅遊的樂趣。

在課堂上我練習用英文思考，學習當地文化，並了解到全球所關心的話題。譬如有一堂課我們討論到全球化的衝擊，我以為自己已經非常清楚全球化這個議題，但是經過全體同學的深度討論以及老師的引導，我才知道全球化對於不同國家的食物、電影、娛樂、職業、文化等等，都產生了不同程度的影響，是一個非常有趣的學習。

在了解一個城市的當下，最重要的祕訣就是加入他們，混在裡面，接受他們的文化，這樣我們才能夠真正深度的融入。學習尊重不同的種族，分享我們所知道的，也要練習接受我們所不知道的，這樣便可以充分的享受生活和 long stay 的樂趣。

像加拿大是一個對外來移民非常友善的國家，在這裡我沒有違和感，可以感受到個人被充分的重視，這裡的法律絕對不允許人們有種族、顏色、或是性別的歧視。工作也是非常有保障的。我女兒的很多朋友在這裡兼職打工，自己賺學費養活自己，也是大學生一般會做的事。

有了這兩次的經驗之後，我想未來有機會的話，我還是會以這樣的方式，繼續認識更多的國家和城市。

就算沒有國外長居的經驗或機會，我認為選擇國內的城市也是不錯的嘗試。我有些朋友在退休之後，選擇像台中、南投、台東、花蓮等好山好水的地方長住一段時間，偶爾才回台北和老友相聚。有幾次走訪他們的住處，那種開闊和悠閒真的不是寸土寸金的都市可以比擬的。這種轉換一下城市的生活方式，相信也是非常適合有能力、有時間的五十後人生可以考慮的。

開個同學會吧！

隨著年紀漸長，兒女成人之後，漸漸開始懷念起年輕的事與人，尤其是老同學、老朋友。加上大多數的人紛紛離開職場，人生多了一些時間和自由，自然就想把同學找回來。

像北一女就有個知名的傳統「三十重聚」，畢業滿三十年的那一屆會尋回當屆校友盛大召開同學會。甚至還有一屆校友將各自的成長與體會集結成書，和年輕人分享寶貴的人生啟示，也等於是和年少的自己對話。

現在由於社群軟體和通訊軟體相當便利盛行，尋人變得相對容易，像我以前在銘傳五專時候的一群同學，透過臉書和通訊軟體，現在「失而復得」的老同學大約已經有八成左右，有的更遠從國外加入，在群組裡時常互動，好不熱鬧。

這些年來，我們同學的聚會越來越頻繁，包括生日慶生，踏青一日遊，中南部景點二日遊，甚至每年辦尾牙和回娘家活動，總之就是找各種名目讓大家時常聚在一起，分享生活中的喜怒哀樂，形成了黏著度很高的社群。

同學們彼此分享著生活的喜怒愛樂，發現看事情的角度不一樣了，有時像是重新再經歷一次彼此的人生。我們班上三十五個人，已經有兩位同學上了天堂，使我們更珍惜此時此刻能相聚的日子。這時候不忙了、不競爭了，慢慢的聽同學說故事，尋找曾經交會的片段，重拾一起走過的歲月。

老同學、老朋友就像舊鞋子一樣，越穿越舒服。雖然各自歷經了三、四十年的變化，但是聊起天來，每個人心裡那個小男孩／小女孩便不自覺的跑出來，年少時的天真輕狂，惡作劇和糗事，誰的戀愛史都被搬出來說嘴。與年少時不同的是，此時大家都放下了一些堅持，豁達的接受彼此的變化，自然流露由衷的理解和寬諒，就像那一輪高掛的明月一直都在，輝映著心中那片溫暖。

後記

書稿接近完成階段，竟有點「近鄉情怯」，畢竟這是我的價值觀，我的生活方式，我的分享。我知道每個人的背景不同，生活方式不同，價值觀不同，甚至面對的人生挑戰也不同，所以形成了每個獨一無二的自己。那個自己自有安身立命的方式，無法複製，也無法交換。

這不是一本教你如何生活、如何度過五十歲以後人生的書，而是一個年過五十的女人走過職場、走過半百人生的一些感想和自我期許。心有戚戚焉的讀者，可以從我的筆下找到一些靈感，為生活做出改變。不同意我觀點的讀者，也可以從書中激發出另類想法，用更有創意的方式提升自己。

這本書只是個引子，引導讀者思考如何度過五十後的人生。你必須趁早思考，因為你很可能活到超過八十歲。最近跟一些朋友閒聊，很多人覺得自己明明「心」還很年輕，怎麼年齡一直往上加，實在有些不服氣。這是跨越下半場人生的心境，很私密，有些尷尬，有些不服老，生怕進退失據。

如果什麼都不想、什麼都不做的等著「養老」，那就是眼睜睜的看著年齡高升，生命枯萎。最好的「抗老祕方」是尋找生活的新目標，實現夢想，把自己過得健康、自在、精采、亮麗。當生活有意義了，才能讓年齡成為智慧的光環，也能成為年輕一代的榜樣，這是我心目中「新中年人」的面貌。

五十前的人生追求成就，五十後的人生追求意義，這是一個轉捩點，人生經過上半場的努力，應該達成某種高度，包括擁有豐富的人脈關係，個人的成長以及願意從事有意義的活動。前英國首相邱吉爾講得好：「我們靠收入過活，靠付出生活。」是的，我們上半場人生靠收入過活，下半場要靠付出、貢獻所長、回饋社會、幫助他人等有意義的活動構築生活的重心，這才是五十後能夠超越年輕人的生活方式。

這本書或許不盡完整，畢竟我才開始走這段旅程，充滿著好奇和興奮，希望再過幾年能有更多的成長和感悟，寫下更豐富的實驗結果。

用這本書及一首詩獻給對自己有期待的朋友，與我一起搭上「第三人生」的列車。

下班列車

青春的列車
急速前進
我的步伐有些匆促
無法追上那誇耀的狂奔

我微笑的向它揮手道別
儘管經驗和智慧的行囊滿載
依舊從容靜候下班列車駛來
再好整以暇的選個位置
襯托我優雅的姿態

靜靜的　我望著窗外
清新的空氣邀來涼風習習
恰恰好搭配　我的心情
不疾也不徐

沿路風景多變　山水壯麗
遍地鋪滿了黃金般的落葉
還有亮澄澄的果實
那是源自有心人
一路撒下的種子

我也學著將行囊裡的經驗和智慧
一路撒在這片土地上
我哼著歌

用我的速度
去我想去的地方
圓一個自己的夢……

BBP458

享受吧！50 後的第三人生

作者 ── 丁菱娟
圖片提供 ── 丁菱娟

總編輯 ── 吳佩穎
人文館總監 ── 楊郁慧
責任編輯 ── 連秋香（特約）、楊郁慧
內頁設計 ── 陳文德（特約）
封面設計 ── 謝佳穎（特約）

出版者 ── 遠見天下文化出版股份有限公司
創辦人 ── 高希均、王力行
遠見‧天下文化 事業群董事長 ── 高希均
事業群發行人／CEO ── 王力行
天下文化社長 ── 林天來
天下文化總經理 ── 林芳燕
國際事務開發部兼版權中心總監 ── 潘欣
法律顧問 ── 理律法律事務所陳長文律師
著作權顧問 ── 魏啟翔律師
社址 ── 臺北市 104 松江路 93 巷 1 號
讀者服務專線 ─ 02-2662-0012 ｜傳真 ─ 02-2662-0007；02-2662-0009
電子信箱 ── cwpc@cwgv.com.tw
直接郵撥帳號 ── 1326703-6　遠見天下文化出版股份有限公司

電腦排版 ── bear 工作室
製版廠 ── 中原造像股份有限公司
印刷廠 ── 中原造像股份有限公司
裝訂廠 ── 中原造像股份有限公司
登記證 ── 局版台業字第 2517 號
總經銷 ── 大和書報圖書股份有限公司｜電話／ (02) 8990-2588
出版日期 ── 2022 年 6 月 23 日第二版第一次印行
2023 年 2 月 24 日第二版第二次印行

國家圖書館出版品預行編目（CIP）資料

享受吧！ 50 後的第三人生 / 丁菱娟作 .
-- 第一版 . -- 臺北市 : 遠見天下文化 , 2017.08
面 ; 公分 . -- (BBP458)

ISBN 978-986-479-241-2(平裝)

1. 生活指導 2. 自我實現

177.2　106008635

定價 ── NT330 元
ISBN: 978-986-479-241-2(平裝)
書號 ── BBP458
天下文化官網 ── bookzone.cwgv.com.tw

天下·文化
BELIEVE IN READING